Wir Thüringer

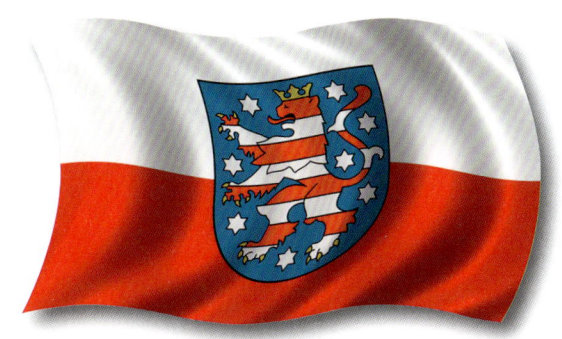

Thomas Bickelhaupt

Wir Thüringer

Geschichte, Gegenwart und Lebensgefühl

Inhalt

Thüringen ist auch als »Land der Kirchen« bekannt. Eine der berühmtesten davon ist der Erfurter Dom (rechts ist die Severikirche sichtbar).

Untrennbar mit Thüringen verbunden ist die deutsche Klassik. Goethe und Schiller schauen von ihrem Denkmalsockel in Weimar in den Morgenhimmel.
Folgende Doppelseite: Eine Stimmungsaufnahme vom Inselsberg im Thüringer Wald.

Einleitung

Missverstandene Thüringer

Das neue Bundesland in der Mitte ist älter als gedacht

Urteile über die Thüringer sind nicht immer nur schmeichelhaft. Während Eingeborene und später Fortgezogene das Land ihrer Herkunft zumeist anhaltend sympathisch finden, ist dies bei Auswärtigen keineswegs immer so. Der Historiker Heinrich von Treitschke (1834 bis 1896) etwa, sächsisch nach Geburt und preußisch-konservativ im Geiste, sprach gelegentlich eher abfällig von der »gemütlichen Anarchie eines patriarchalischen Völkchens« ohne besondere Bedeutung. »Unter allen den Unheilsmächten, welche unserem Volke den Weg zur staatlichen Größe erschwerten, steht die durchaus unpolitische Geschichte dieser Mitte Deutschlands vielleicht obenan«, befand der Hofchronist Bismarcks 1882 und fuhr fort: »Fast alle andern deutschen Stämme nahmen doch irgend einmal einen Anlauf nach dem Ziele politischer Macht, die Thüringer niemals. Unsere Kultur verdankt ihnen unsäglich viel, unser Staat gar nichts.«

Warum so negativ, Herr Professor? Immerhin gab es die erste deutsche Verfassung überhaupt, die den Landeskindern die vollständige Presse-, Meinungs- und Versammlungsfreiheit gewährte, schon 1816 in einem Thüringer Kleinstaat, nämlich im Großherzogtum Sachsen-Weimar und Eisenach. Aber Demokratie war, wie wir inzwischen wissen, zu Bismarcks Zeiten nicht unbedingt eine starke Seite der Deutschen. Immerhin – die kulturellen Leistungen der Thüringer galten damals schon etwas. Selbst die schärfsten Kritiker konnten und können sie nicht von der Hand weisen. Denn die sprichwörtliche Musizier- und Sangesfreude brachte mehr als nur einen musikalischen Meister von Weltgeltung hervor, und die Gastfreundschaft in den einzelnen Landstrichen zog spätestens mit dem Aufkommen des Tourismus immer mehr Auswärtige an.

Schließlich gilt auch die oft verteufelte Kleinstaaterei, für die Thüringen zweifellos ein besonders dankbares Beispiel liefert, hierzulande längst nicht mehr als Wurzel allen Übels. Im Gegenteil: Voller Bewunderung schaut man auf die vielfältige Kulturlandschaft in der Mitte Deutschlands, die ihresgleichen sucht und tief in den Jahrhunderten gründet. Ihre Anfänge sind untrennbar verbunden mit der Blüte von Hofkultur und Minnesang in der mittelalterlichen Landgrafschaft, mit der Wartburg als ihrem historischen Ort. Auch das heutige Landeswappen mit dem »bunten Löwen« geht auf die Zeit der Landgrafen zurück, die Thüringen einst zu geachteter Größe führten.

Entspricht unserer Vorstellung von einer authentischen Landgrafenburg, ist aber keine: die Wartburg. **Vorhergehende Seite:** Die Grabplatte von Landgraf Ludwig dem Springer, der im 11. Jahrhundert die Wartburg gründete. Der Wappenschild unten wurde Vorbild für das heutige Thüringer Landeswappen. **Seite 12:** Flickenteppich: Karte der Thüringer Staaten von 1905.

Ein nicht ganz authentisches Denkmal

Doch wer die Wartburg über Eisenach als authentische Landgrafenburg erlebt, ist einem Missverständnis aufgesessen. Denn die heute weltweit bekannte Silhouette mit dem imposanten Bergfried ist nur ein Abbild davon, wie sich das 19. Jahrhundert das Mittelalter vorstellte. Vor dem Wiederaufbau soll die Burg nur noch eine »unregelmäßige Häusermasse« gewesen sein, »deren höchster und ältester Teil weit mehr einem Speicher ähnlich sah als einer fürstlichen Herrenburg«, schrieb der Schriftsteller Adolph Stahr 1826.

Um den kläglichen Zustand seiner Nebenresidenz zu beseitigen, machte der Weimarer Hof einige Jahrzehnte später eine Menge Geld locker. Die Erneuerung der Burg war weitestgehend ein Neubau. Nach dem Willen von Großherzog Carl Alexander sollte die neue Wartburg »ein treues Bild« geben »zunächst von ihrer Glanzperiode im 12. Jahrhundert als Sitz mächtiger, kunstliebender Landgrafen und als Kampfplatz der größten deutschen Dichter des Mittelalters; und dann später, im Anfang des 16. Jahrhunderts, als Asyl Dr. Martin Luthers«. Damit müsse zugleich »die historische und politisch-faktische Bedeutung, zweitens ihre Bedeutung für die Entfaltung des Geistes und namentlich der Poesie, drittens ihre Bedeutung für die Reformation und viertens ihre katholisch-religiöse Bedeutung« herausgestellt werden, forderte der Fürst 1853 in der Gründungsurkunde für das gigantische Vorhaben.

Trotz des markanten Geschichtsdenkmals bei Eisenach führt die Frage nach den historischen Anfängen des heutigen Freistaates in der Mitte Deutschlands gelegentlich zu den nächsten Missverständnissen. Während andere Landeskinder zu ihrer Geschichte von Kaisern und Königen berichten können, fällt Ähnliches den Thüringern schwer. Denn vom frühen Reich der Thüringer, das im 6. Jahrhundert unterging, blieb nur der Name – und ein kleiner Bruchteil des einstigen Herrschaftsgebietes. Mit einem einheitlichen Staatswesen war es nach der Blütezeit der Landgrafschaft im 12. und 13. Jahrhundert erst einmal vorbei – für über 600 Jahre. Weil der letzte Landgraf kinderlos starb, fielen weite Landesteile an die sächsischen Wettiner.

Und wo diese später als Ernestiner nicht das Sagen hatten, etablierten sich die Henneberger, Schwarzburger und Reußen. Manche ihrer Abkömmlinge haben sich durch die höfische Heiratspolitik klug mit dem europäischen Hochadel zwischen Berlin, London, Sofia und Moskau verbunden. Zu Hause hinterließen sie, in dieser oder jener Form, Zeugnisse einstiger Größe, über die sich in Thüringen buchstäblich

Ein Kapital der Thüringer sind auch die malerischen Landschaften, die sie umgeben: hier der Thüringer Wald mit dem Aussichtsturm am Kickelhahn bei Ilmenau.

Sie gehört zu den geschichtlichen Figuren, die Thüringen bekannt machten: die Weimarer Herzogin Anna Amalia.

auf Schritt und Tritt trefflich stolpern lässt. Denn die immer neuen Erbteilungen brachten immer neue Nebenresidenzen und kleine Adelssitze hervor. Das macht die Situation unübersichtlich – aus heutiger Sicht erst recht und für Auswärtige sowieso.

Aber obwohl (oder weil?) es Fürsten und Höfe genug gab, hat die Geschichte den Thüringern über die Jahrhunderte keine gemeinsame Identifikationsfigur beschert. Am ehesten spielt die Landgräfin Elisabeth von Thüringen diese Rolle, die als heilige Elisabeth weit über die katholische Kirche hinaus populär ist.

In der Neuzeit war es wiederum eine Frau, die Thüringen weithin ins Gespräch brachte – die Weimarer Herzogin Anna Amalia. Dabei war sie weder eine gebürtige Thüringerin noch eine reguläre Regentin. Vielmehr führte sie nur vorübergehend die Amtsgeschäfte für ihren noch minderjährigen Sohn Carl August. Gleichwohl brachte sie mit ihrer vormundschaftlichen Regentschaft frischen Wind in die ernestinische Residenz. Ab 1775 versammelte sie zu ihren legendären »Tafelrunden« regelmäßig Geistesgrößen wie Johann Wolfgang Goethe, Johann Gottfried Herder und Christoph Martin Wieland, die ihrerseits für den Zulauf weiterer großer Geister aus Deutschland und der Welt sorgten. Die Berufung Goethes an den Weimarer Hof im gleichen Jahr sollte zum Grundstein werden für den Höhepunkt der klassischen deutschen Literatur, die die kleine Thüringer Residenz in eine kulturelle Großmacht verwandelte. Der Beitrag Anna Amalias dazu ist ebenso unbestritten wie die Bedeutung dieser Epoche für das moderne Thüringen, das im Übrigen noch keine hundert Jahre alt ist, wohl aber deutlich älter, als die Bezeichnung »eines der neuen Bundesländer« vermuten lässt.

Selbstverständnis und Klischee

Doch trotz der Verknüpfung des Landes mit der europäischen Hochkultur werden Thüringer in der weiten Welt bis heute auch noch aus einem anderen Grund gern missverstanden. Und zwar im wahrsten Sinne des Wortes. Denn die unterschiedlichen Sprachmelodien ihrer Herkunft zwischen Werra und Pleiße oder vom Südharz bis zum Thüringer Wald und zur Rhön klingen Fremden nur selten als Thüringisch in den Ohren. Statt dessen erkennen sie zumeist, je nach dem, Anklänge an das weithin ungeliebte Sächsisch oder Elemente aus dem Fränkischen, dem Bayerischen oder dem Hessischen. Doch dazu an anderer Stelle mehr.

Missverständliches ist schließlich auch über das Naturell der Thüringer im Umlauf. Hartnäckig halten sich Vorurteile, sie seien provinziell und kleinkariert und dabei selbstverliebt in eine romantische Beschaulichkeit zwischen Gartenzwerg und Geranien – oder aber leicht zu begeistern mit Bratwurst, Bier und Thüringer Klößen. Tatsächlich leben sie, nehmt alles nur in allem, durchaus gern in und mit ihren Traditionen. Sie sind stolz auf den gewachsenen Reichtum von Museen, Burgen und Schlössern in malerischer Umgebung, aber auch auf die vielen Theater und Orchester auf hohem Niveau. Dennoch sind die Thüringer alles andere als nostalgisch und rückwärtsgewandt. Dafür stehen eine moderne Wirtschaft mit Industrie und Handwerk, der Breiten- und Leistungssport mit internationalen Höchstleistungen sowie nicht zuletzt anerkannte Standorte für Forschung und Hightech.

Nach dem hier Gesagten ist es an der Zeit, das missverständliche Wort vom »neuen Bundesland« endgültig ad acta zu legen. Zwar mag die mit der Wiedervereinigung eingebürgerte Beschreibung aus westlicher Perspektive durchaus zutreffen. Doch die Thüringer wissen es besser: Sie fühlen sich wohl in einer der ältesten deutschen Kulturlandschaften mit einer mehr als tausendjährigen Geschichte.

Die Thüringer
Ein Porträt

Das »grüne Herz Deutschlands«

Eine sympathische Metapher für ein liebenswertes Land

Gern bezeichnen die Thüringer ihre Heimat als »das grüne Herz Deutschlands«. Das klingt sympathisch und unterstellt, der Freistaat sei ein einziger romantischer Landstrich mit viel grünem Wald. Doch in Wirklichkeit haben andere Bundesländer deutlich größere Waldflächen.

Thüringen liegt mit knapp einem Drittel der waldbedeckten Fläche so etwa in der Mitte – weit hinter Hessen mit 42 Prozent, aber mit sichtbarem Vorsprung vor Schleswig-Holstein, das auf gerade mal zehn Prozent kommt. Sei's drum: Die Metapher vom »grünen Herzen« hat im 19. Jahrhundert den Menschen in den Thüringer Kleinstaaten so etwas wie eine neue, gemeinsame Identität gegeben. 1838 schwärmte der Meininger Schriftsteller Ludwig Bechstein in einem Wanderbuch vom »Thüringer Grün«, und sein Zeitgenosse Ludwig Storch aus Ruhla meinte, der Thüringer Wald sei in der Mitte Deutschlands ein »grünes Blatt in Gestalt eines Herzens«.

Später befand der dänische Schriftsteller Martin Andersen Nexö, so schön wie der Thüringer Wald sei »wohl kein anderer Wald auf dieser Erde … Wie eine Welt für sich liegt er da, hoch unter den Himmel emporgehoben, erdrückend düster oder festlich in weißen Schnee gekleidet, und scheint alles von des Himmels Zorn und des Himmels Gnade zu haben. Bergauf und bergab erstreckt er sich, und so viele Tannen sind in ihm, dass jeder Mensch

Der berühmteste Sohn der Stadt Eisenach ist Johann Sebastian Bach. **Vorhergehende Seite:** Die heilige Elisabeth, Gemälde von J. Cornelisz van Amsterdam.

auf Erden seinen eigenen Weihnachtsbaum kriegen könnte.«

Heimat- und Wandervereine nahmen das romantische Sinnbild ebenso dankbar auf wie Werbekampagnen. Mit der deutschen Teilung wurde es jedoch ruhig um das »grüne Herz«. Umso kräftiger begann es nach 1989 wieder zu schlagen. Tourismusexperten und Marketingstrategen entdeckten den Slogan erneut als trefflichen Werbeträger.

Längst ist diese »Welt für sich« eine der beliebtesten Touristenregionen in den deutschen Mittelgebirgen – und dies nicht mehr nur für Wanderfreunde aus den östlichen Bundesländern. Der Rennsteig auf dem Kamm des Mittelgebirges ist weit über Thüringen hinaus ein Begriff. Das populäre »Rennsteiglied« von Herbert Roth über den »Weg auf den Höh'n« wurde und wird zwar oft belächelt als hinterwäldlerische Heimattümelei – aber noch häufiger gesungen.

Offene Fernen

Südwestlich des Thüringer Waldes weiten sich jenseits der Werra die »offenen Fernen« der Rhön bis nach Hessen und Bayern. Seit der Überwindung der deutschen Teilung ist auch der kleine Thüringer Anteil an dieser alten Kulturlandschaft mit ihren sanft gerundeten vulkanischen Bergkegeln wieder in alle Richtungen offen. Auf den Wiesen und Matten grasen die Rhönschafe, deren Existenz am Ende in der DDR auf dem Spiel stand.

An Überraschungen reich sind Flora und Fauna mit so seltenen Exemplaren wie Silberdisteln oder dem Roten Milan. In den Städten

und Dörfern ist heidnisches und frommes Brauchtum ebenso zu Hause wie einladende Gastfreundschaft.

Anders als die Rhön blieb der Thüringer Wald lange Zeit und in großen Teilen unbewohnt. Bei der Besiedlung ab dem 16. Jahrhundert lebten die Menschen in den Talorten vom Reichtum der umgebenden Wälder. Sie wurden Holzfäller oder Harzscharrer, Pechbrenner und Köhler, Besenbinder, Spengler, Holzschnitzer oder Flachsspinner. Andere holten Silber, Eisen und Kupfer aus dem Boden und verarbeiteten die Bodenschätze in Schmie-

den und Hammerwerken. Fuhrleute brachten die Handelsware über den Berg.

Die frühen Glashütten in den Klöstern des 12. Jahrhunderts produzierten Butzenscheiben, Tafelglas oder Apothekergläser. Die ersten Waldglashütten 1418 in Judenbach und 1483 bei Schleusingen lieferten die damaligen Luxusartikel an weltliche und geistliche Herren und Damen.

Die 1597 gegründete Glashütte in Lauscha musste 1646 für den Neubau von Schloss Friedenstein über 52 000 Butzenscheiben an den Gothaer Hof liefern.

Beliebtes Postkartenmotiv gestern und heute: Eisenach mit der Wartburg.

Ein Schmuckstück: die Altstadt von Schmalkalden.

Mit der Spielzeugindustrie entwickelte sich frühzeitig ein weiterer typischer Wirtschaftszweig. Schon um 1670 entstanden erste Handelsniederlassungen von Sonneberger Kaufleuten im Ausland. Schließlich kamen nach 1760 außerdem noch zahlreiche Porzellanmanufakturen auf, nachdem Georg Heinrich Macheleid in Sitzendorf unabhängig von Johann Friedrich Böttger das sächsische »weiße Gold« erfolgreich nacherfunden hatte.

Am Fuße der Wartburg

Unter den größeren Städten am Thüringer Wald ist Eisenach mit der Wartburg zweifellos von besonderer historischer Bedeutung. Martin Luther nannte die einstige Landgrafenstadt seine »liebe Stadt«. Gelegentlich wurde sie aber auch als »Pfaffennest« beschimpft. Und trotz der dominanten Burg führte die alte Handelsstadt über die Jahrhunderte immer auch ihr Eigenleben. Denkmalgeschützte und sorgsam sanierte

Villen im Südviertel illustrieren den Aufschwung im Industriezeitalter, der mit dem Automobilbau ab 1896 begann. Etwa zur gleichen Zeit wollte Eisenach eine vornehme Kurstadt werden. Doch von den einstigen Träumen ist nicht viel mehr geblieben als eine Jugendstil-Wandelhalle.

Berühmtester Sohn der Stadt ist unbestritten der Barockmusiker Johann Sebastian Bach. Zwar ist das ihm gewidmete Museum am Frauenplan nicht, wie ursprünglich angenommen, sein Geburtshaus. Aber mit dem modernen Erweiterungsbau gilt es heute als die bedeutendste Gedenkstätte für den Komponisten.

Das Lutherhaus, wo der Reformator als Lateinschüler bei der angesehenen Familie Cotta gelebt haben soll, hebt in seiner Ausstellung die Kindheit von Martin Luther besonders hervor. Unter dem Dach zeigt das Evangelische Pfarrhausarchiv, zu welchen wissenschaftlichen und künstlerischen Leistungen es Söhne und Töchter aus Pfarrhäusern in 500 Jahren Kulturgeschichte gebracht haben.

Die Reuter-Villa nahe der Auffahrt zur Wartburg war ab 1863 Alterssitz des niederdeutschen Schriftstellers Fritz Reuter. Die hier bewahrte Richard-Wagner-Sammlung gilt als bedeutendste außerhalb von Bayreuth. Der mehrfache Eisenach-Besucher Wagner ließ sich vom »Sängerkrieg« auf der Wartburg zu seinem *Tannhäuser* anregen.

Regelmäßig drei Wochen vor Ostern feiern die Eisenacher mit dem »Sommergewinn« das größte deutsche Frühlingsfest, bei dem »Frau Sunna« nach einem farbenprächtigen Umzug den kalten und grimmigen Herrn Winter in einem zünftigen Streitgespräch wortreich besiegt. Aus Freude über den Sieg des Frühlings geht anschließend eine Strohpuppe in Flammen auf. Das bunte Spektakel aus heidnischer Vorzeit bekam jüngst sommerliche Gesellschaft: Seit 2005 lädt regelmäßig das Lutherfest mit Theater und mittelalterlichem Marktgetümmel zu einem weiteren Open-Air-Spektakel ein.

Klassische Urlauberorte

Nur wenige Kilometer von Eisenach entfernt liegen rund um den Inselsberg die klassischen Thüringer Urlauberorte. Der riesige Hotelklotz auf dem Reinhardsberg in Friedrichroda ist ein Relikt des gewerkschaftlich organisierten Massentourismus in der DDR.

Dagegen konnte sich Tabarz seine kleinteilige Beschaulichkeit erhalten. Die Märchenwiese mit Holzfiguren aus dem »Struwwelpeter« ist dem Frankfurter Arzt und Kinderbuchautor Heinrich Hoffmann gewidmet, der dort zwischen 1884 und 1894 wiederholt zur Kur war. Tabarz ist zudem Endstation der Thüringer Waldbahn, die seit 1929 den Kurort mit dem Rest der Welt verbindet.

Märchenwelt bei Saalfeld: die Feengrotten.

Saalfeldt.

A. S. Iohans kirch.   D. Das Rahthaus.   F. Das ober thor.   I. Das Blanckenbürger thor.   M. Das Hospital.   P. Das Stifft vor werck.
B. Barfüßer Closter.   E. Der Hohe Schwarm, ein.   G. Das Nider thor.   K. Das Pfordert thor.   N. Benedicticner Closter.   Q. Die Saal fluß.
C. S. Nicolai kirch.   alt Schloß.   H. Das Schloßlein.   T. Das Saal thor.   O. S. Gertrauta küche.

Saalfeld, die »steinerne Chronik Thüringens«: So sah der Ort im 17. Jahrhundert aus, als Matthäus Merian ihn in Kupfer stach.

Gut eine Stunde braucht die Bahn für die 20 Kilometer nach Gotha, die auch an den einstigen Klosterteichen von Reinhardsbrunn vorbeiführen. Das Hauskloster der ludowingischen Landgrafen wurde jedoch nach der Reformation zerstört. Ein weiterer Haltepunkt der Waldbahn ist Schnepfenthal, wo Christian Gotthilf Salzmann 1784 erstmals sein neues pädagogisches Konzept umsetzte, nach dem Kinder eine praxisbezogene und, wie man heute sagen würde, »ganzheitliche« Erziehung erhalten sollten. Zu den Lehrern an der Salzmannschule, die heute ein Sprachengymnasium beherbergt, gehörte unter anderem der Pädagoge und Turnpionier GutsMuths, der auf der nahe gelegenen Hardt den ersten deutschen Turn- und Gymnastikplatz einrichtete.

Bad Liebenstein an den südlichen Ausläufern des Inselsberges gilt mit der 1610 erschlossenen Casimirquelle als der älteste Kurort Thüringens. Die historische Altstadt von Schmalkalden ist mit ihrem sanierten Fachwerk aus dem 15. bis 18. Jahrhundert ein einzigartiger Blickfang. Gekrönt wird das Ensemble rund um die Stadtkirche St. Georg von der Wilhelmsburg. In dem einstigen hessischen Herrschaftssitz verbündeten sich 1531 die protestantischen Fürsten gegen den katholischen Kaiser. Doch am Ende waren Karl V. und seine Truppen stärker.

»Die Meininger« und andere

Als Theater- und Musikstadt weit über Thüringen hinaus bekannt ist Meiningen. Unter ihrem »Theaterherzog« Georg II. sorgten »die Meininger« ab 1874 mit 81 Gastspielen zwischen London und Moskau und von Stockholm bis Triest für Aufsehen. Der nach dem Hoftheaterbrand von 1908 errichtete Neubau sollte auch äußerlich den hohen künstlerischen Anspruch unterstreichen – nicht zuletzt in Richtung Weimar. Meininger Theatergeschichte zeichnet die einstige Reithalle mit kostbaren Kulissen, Kostümen, historischen Plakaten und Theaterzetteln nach.

Das heutige Freilichtmuseum Kloster Veßra südöstlich von Meiningen war seit dem Mittelalter Hauskloster der gefürsteten Grafen von Henneberg. Ebenso wie in den Nachbarorten Schleusingen und Themar illustrieren die erhaltenen historischen Bauten die Geschichte der schon 1583 ausgestorbenen Dynastie, deren Name lediglich in der Bezeichnung für die Region weiterlebt.

An den südöstlichen Ausläufern, wo der Thüringer Wald in den Frankenwald übergeht, empfiehlt sich Saalfeld als »Steinerne Chronik Thüringens«. Markante Zeugnisse der Vergangenheit sind die vier Stadttore mit Teilen der mittelalterlichen Stadtbefestigung, aber auch die Burgruine Hoher Schwarm, die Johanniskirche als eine der größten gotischen Hallenkirchen im Freistaat, die romanische Hofapotheke oder das ehemalige Franziskanerkloster mit dem Stadtmuseum. Der Marktplatz mit dem prächtigen Renaissancerathaus und alten Bürgerhäusern des 16. bis 18. Jahrhunderts unterstreichen nachhaltig den Charakter einer Stein gewordenen Chronik.

Wo in der Nähe von Saalfeld noch bis 1850 schwarzer Alaunschiefer abgebaut wurde, empfängt heute den Besucher unter Tage die bunte Märchenwelt der Feengrotten. »Lägen diese Grotten nicht in Deutschland, sondern etwa in Amerika, wäre man längst aus aller Welt dorthin gepilgert«, meinte der Jenaer Naturwissenschaftler Ernst Haeckel 1914 bei der Eröffnung des Schaubergwerks. Jährlich machen sich Hunderttausende auf den Weg durch die schmalen Gänge zu den Höhlen mit ihren bunt schillernden Gebilden. Das Auslaugen von verschiedenen Mineralien gab den Tropfsteinen faszinierende Formen und Far-

ben. Mittlerweile wird die heilsame Luft der Feengrotten auch für die Therapie bei Erkrankungen der Atemwege und bei Neurodermitis genutzt.

Unweit von Saalfeld sind mit der Burg Greifenstein bei Bad Blankenburg und der imposanten Klosterruine von Paulinzella weitere Zeugen der Geschichte zu entdecken. In südlicher Richtung tut sich jenseits des Kammweges das Schiefergebirge mit seinem Weihnachtsland aus Glas und Spielwaren auf.

Im Weihnachtsland

In den Musterzimmern der Lauschaer Christbaumschmuckhersteller ist das ganze Jahr Weihnachten. Die immergrünen Kunstbäume bieten ein buntes Panoptikum, das neben schlichten Glaskugeln in glänzendem Gold oder mit mattem Kristalleffekt, zwischen Engeln, Puppen, Vögeln, Weihnachtsmännern und Tannenzapfen nahezu alles zeigt, was sich durch Glasbläser gestalten lässt. Die Palette für ausgefallenen Festtagsschmuck aus hauchdünnem Glas reicht von allerlei Südseegetier über Autos,

Der Meininger »Theaterherzog« Georg II., hier in einer Darstellung des Lauschaer Porzellanmalers Julius Greiner.

Die Meininger Theatertruppe war weltberühmt – hier eine Karikatur, die anlässlich ihres Gastspiels im Jahr 1885 in einer Moskauer Zeitung erschien.

**Romanti-
sches und
Modernes,
friedlich
vereint**

Erfurt: Moderner Bau mit Glasfassade neben den Fachwerkhäusern an der Krämerbrücke (links oben). Verträumter Herbsttag im Tiefurter Park, **Weimar** (rechts oben). Mitten im Naturpark **Thüringer Schiefergebirge**/Obere Saale liegt die Bleilochtalsperre (links). Die Dächer und Türme von **Erfurt** glänzen im Licht der Wintersonne (rechts).

Ein Urwald mitten in Thüringen: der Hainich.

Glases von seinen Anfängen zu heutiger Vielfalt informiert das Museum für Glaskunst. Hoch über dem Tal thront als besonderes Kleinod die Kirche mit einzigartigen Jugendstilfenstern.

Während im benachbarten Steinach das Schiefermuseum an 400 Jahre Schieferabbau in der Region erinnert, entführt das Deutsche Spielzeugmuseum in Sonneberg in die bunte Welt der Kinderzimmer. Die über hundertjährige Sammlung mit rund 100 000 Objekten von der Antike bis zur Gegenwart lässt nicht nur Kinderherzen höher schlagen. Das Prachtstück zwischen all den Teddys, Puppen, Bausteinen und Blechautos ist zweifellos die preisgekrönte »Thüringer Kirmes« von der Weltausstellung 1910 in Brüssel.

Über den Wipfeln

Nördlich von Eisenach ergänzt seit einigen Jahren Thüringens einziger Nationalpark das »grüne Herz« auf seine Weise. Im Hainich, wo über 60 Jahre lang Panzer und anderes militärisches Gerät die Landschaft zerstörten, sind seit dem Jahreswechsel 1997/98 auf 7600 Hektar die Flora und Fauna besonders geschützt. Mit insgesamt 13 000 Hektar dichtem Buchenwald steht auf dem Höhenzug im Dreieck zwischen Eisenach, Bad Langensalza und Mühlhausen der größte zusammenhängende Laubwald in ganz Deutschland. In dem teilweise urwaldähnlichen Gebiet sind Schwarzstorch und zahlreiche Fledermausarten ebenso zu Hause wie 400 Käferarten und Pilze im Totholz. Fachleute haben im 13. deutschen Nationalpark 150 Brutvogelarten, 800 unterschiedliche Schmetterlinge und 700 Pilzarten nachgewiesen. Neben der Rotbuche gehören ferner Eichen, Linden, außerdem mehrere Ahornarten und Weißdornarten zum typischen Bild. Im Frühjahr bedecken Tausende Märzenbecher den Waldboden. Später blühen Anemonen, Akelei und Knabenkraut.

Den »größten Urwald mitten in Deutschland« durchziehen 13 Wanderwege, unter de-

ICE-Triebzüge und Mini-Computer bis zu flammenden Love-Herzen oder grellen Disney-Figuren. Die weltweite Nachfrage bestimmt das Angebot, das trotz eines wachsenden Konkurrenzdrucks in mehr als 50 Länder exportiert wird. In der Farbglashütte zeigen Glasmacher den Besuchern, wie aus der rot glühenden heißen Masse frei geformte Schalen und Vasen entstehen. Über die Entwicklung des Lauschaer

nen der 300 Meter lange Erlebnispfad mitten durch die Baumkronen eine besondere Attraktion ist. Der Aussichtsturm ermöglicht einen einmaligen Rundblick über den Laubwald und bei gutem Wetter bis zum Inselsberg im Südwesten und im Norden bis zum Brocken. Und im Herbst fordert das leuchtend bunte Laub einen Vergleich mit dem nordamerikanischen »Indian Summer« geradezu heraus.

Der nur wenige Kilometer entfernte Kyffhäuser ist nicht nur Ort der Barbarossa-Sage, sondern auch das kleinste Mittelgebirge in Deutschland überhaupt. Er ist gerade mal 60 Quadratkilometer groß und an seiner höchsten Stelle keine 500 Meter hoch. Einst war das Gebirge von der mächtigen Reichsburg Kyffhausen gekrönt, von der es heute nur noch Reste gibt. Schon 1421 sprach eine Chronik vom »wüsten Schloss Kyffhausen«. Die Mittelburg fiel einem Steinbruch zum Opfer, und zwei Drittel der Oberburg mussten dem protzigen Kaiser-Wilhelm-Denkmal weichen, das seit 1896 den Kyffhäuser bestimmt.

Das Monument aus rotem Sandstein verknüpft nach dem Willen seines Erbauers, des »Deutschen Kriegerbundes«, die Barbarossa-Sage mit der Reichseinigung von 1871, indem es den 1888 verstorbenen Kaiser Wilhelm I. als Vollstrecker der deutschen Einheit würdigt: »Kaiser Weißbart« habe die Sage erfüllt »und Kaiser Rotbart erlöst«, schrieben die Initiatoren in ihren Bauantrag. Der schlafende Barbarossa sitzt am Fuß des Denkmals in einer Nische aus Rundbögen, darüber erhebt sich das wuchtige Reiterstandbild von Wilhelm I., den Germanen mit Flügelhelm, Schild und Schwert begleiten. Zwar hat das Monument alle Stürme der Zeiten überstanden, doch es bleibt umstritten. Nach 1918 trafen sich dort bevorzugt Kriegervereine, die Nationalsozialisten machten daraus eine Erinnerungsstätte für die »Toten des Ersten Weltkrieges und der Hitlerbewegung«. In der DDR sollte ein fünfteiliges Bronzerelief mit der Nationalhymne von Johannes R. Becher diese Vorgeschichte

kaschieren. Doch bald gab es neue Probleme, weil Bechers Hymne mit der berühmten Zeile »Deutschland, einig Vaterland« nicht mehr gesungen werden durfte und aus den Schulbüchern verschwand. So stehen das Relief wie die gesamte Anlage mittlerweile für die wechselvolle Geschichte des Ortes.

Auf dem Kyffhäuser: Blick vom Denkmal auf die Unterburg.

Reich an alten Steinen

Bei Burgen, Schlössern und Kirchen ist Thüringen Spitze

Einstige Raubritterburg mit weit reichender Aussicht: Hanstein.

Bei alten Steinen ist Thüringen unangefochten Spitze. Kaum anderswo in Deutschland gibt es auf so engem Raum so viele Burgen und Schlösser. Weil die thüringischen Fürstenhäuser einst in der großen Politik wenig zu sagen hatten, entwickelten sie ihren Ehrgeiz auf anderen Gebieten.

Ihre repräsentativen Residenzen machten sie zu geistig-kulturellen Zentren mit Kuriositätenkabinetten und Kunstsammlungen, Bibliotheken und Hofkapellen. Als Mäzene für Wissenschaft, Kunst und Kultur taten sie gute Werke für bleibende Werte. Häufige Erbteilungen in den Fürstenhäusern produzierten immer neue Herrensitze und Residenzen, sodass die Thüringer Statistik heute 270 Burgen und Schlösser sowie 330 kleinere Edelhöfe und Adelssitze zählt. Aber nicht nur die Versorgung der Nachkommen spielte eine Rolle. Allein der Weimarer Herzog Ernst August I. plante zwischen 1728 und 1748 über 20 neue Jagd- oder Lustschlösser. Trotz chronisch leerer Kassen ließ er die meisten auch bauen.

An der westlichen Landesgrenze markiert die Burgruine Brandenburg bei Lauchröden an der Werra den Beginn der alten Handelsstraße Via Regia auf Thüringer Gebiet. Entlang der mittel-

schleuder aus dem 13. Jahrhundert, wie sich Burgherren einst gegen Eindringlinge zur Wehr setzten. Die Ruine der Raubritterburg Hanstein im Eichsfeld bietet nach Jahrzehnten der Abschottung an der innerdeutschen Grenze wieder imposante Fernsichten bis ins Hessische und nach Niedersachsen.

alterlichen Lebensader, die sich in ihrer modernen Form als Autobahn präsentiert, folgen mit den Drei Gleichen bei Arnstadt markante Beispiele der frühen Landesgeschichte. Aber auch abseits des traditionsreichen Verkehrsweges gibt es herrschaftliche Gemäuer von Rang. Die Ordensburg Kühndorf bei Meiningen ist die einzige öffentlich zugängliche Johanniterburg im deutschen Sprachraum. In der Runneburg Weißensee bei Sömmerda zeigt der Nachbau einer Stein-

Unter den großen Thüringer Residenzen gilt die 1585 begonnene Wilhelmsburg in Schmalkalden als eines der eindrucksvollsten Renaissanceschlösser in ganz Deutschland. Von barocker Pracht lebt das zwischen 1643 und 1654 errichtete Schloss Friedenstein in Gotha. Dagegen stehen die Heidecksburg in Rudolstadt, das Lustschloss Belvedere bei Weimar und das mittlere der Schlösser in Dornburg bei Jena für den Zeitgeist des Rokoko im 18. Jahrhundert. Das

Die »Drei Gleichen« an der einstigen Via Regia bei Arnstadt.

Thüringer Barock:
Schloss Molsdorf bei
Erfurt.

Graf Gustav Adolph von Gotter (1692 bis 1762). Molsdorf wurde für den aus Gotha stammenden Reichsgrafen ein beliebter Rückzugsort nach anstrengenden Staatsdiensten unter dem preußischen »Soldatenkönig« Friedrich Wilhelm I. Beim Umbau ab 1734 hinterließ der Weimarer Hofbaumeister Gottfried Heinrich Krohne ebenso seine Handschrift wie der preußische Hofmaler Antoine Pesne. Für seine üppigen Feste in diesem Ambiente leistete sich der sinnenfreudige Schöngeist einen Hofstaat von immerhin 40 Bediensteten.

Stadtschloss Weimar entstand nach dem Großbrand von 1774 als klassizistischer Neubau.

Die Veste Heldburg an der Grenze zu Bayern ist als Standort für das Deutsche Burgenmuseum vorgesehen. Eindrucksvolle Beispiele für die Burgengeschichte zwischen Verwaltungszentrum und Mittelpunkt des gesellschaftlichen Lebens sind die Anlagen in Altenburg, Burgk, Meiningen, Schleusingen, Sondershausen oder Greiz. Zu den zahlreichen kleineren Adelssitzen gehören das Friederiken-Schlösschen in Bad Langensalza, das Wieland-Gut in Oßmannstedt, die Herrensitze in Frauensee und in Wasungen oder die Schlösser Behringen, Hue de Grais, Kalbsrieth und Oppurg.

Lustschloss eines Lebemannes

Schloss Molsdorf bei Erfurt indes hat, anders als die meisten Fürstenbauten im Freistaat, mit den verschlungenen Linien einstiger Adelshäuser nur wenig zu tun. Das barocke Kleinod erzählt vielmehr von einer der auffälligsten Persönlichkeiten des 18. Jahrhunderts, dem preußischen Diplomaten und Lebenskünstler

In der Nähe von Jena erhebt sich seit dem 13. Jahrhundert die Leuchtenburg als »Königin des Saaletales«. Regelmäßige Freiluftspektakel mit Minne und Reiterspielen gaukeln heutigen Besuchern vor, wie das Leben auf einer solchen Burg wohl gewesen sein könnte. Doch um Burgen tobten immer auch Kriege. Allein vom Bruderkrieg der Wettiner zwischen 1446 und 1451 waren an der Saale zwischen Kahla und Camburg sieben Burgen und Schlösser betroffen.

In Ostthüringen entfaltete die reußische Kleinstaaterei einst ihre ganze Herrlichkeit. So erinnert in Weida die mächtige Osterburg an die mittelalterlichen Herren, die als spätere Vögte bis ins bayerische Regnitzland regierten und dem Vogtland seinen Namen gaben.

In Greiz ist die Geschichte der Reußen fast mit Händen zu greifen. Während im Oberschloss seit dem frühen 14. Jahrhundert die jüngere Linie residierte, wurde nach einer Erbteilung von 1564 für die neu gebildete ältere Linie in der Stadt das Untere Schloss gebaut. Dem Stadtbild inmitten waldreicher Höhenzüge hat dies nicht geschadet, zumal zur »Perle des Thüringer Vogtlands« auch ein großer Landschaftspark im Tal der Weißen Elster gehört.

Wo sich heute das Schloss in Altenburg erhebt, stand im zwölften Jahrhundert eine Kaiserpfalz, in der sich mehrmals auch Friedrich Barbarossa aufhielt. An den legendären Stauferkaiser erinnert auch die Ruine der Reichsburg Kyffhausen in Nordthüringen, obwohl niemand weiß, ob er die Burg je besuchte. Aber der Wiederaufbau der mehrfach zerstörten Anlage, die einst mit mehr als 600 Metern Länge und 60 Metern Breite eine der größten Burgen in Deutschland war, fällt in die Zeit von Kaiser Rotbart im 12. Jahrhundert. Mit dem Niedergang der Staufer im 13. Jahrhundert verfiel jedoch auch die Festung. Seit dem 15. Jahrhundert wurde die Ruine zum Steinbruch für zahlreiche neue Bauten in der Umgebung. Doch die erhaltenen Reste mit dem sogenannten Barbarossaturm und der Unterburg samt Kapelle lassen die einstige Größe erahnen.

Die deutscheste aller Burgen

Keiner dieser Bauten ist jedoch überregional so bedeutsam wie die Wartburg. Sie steht mit anderen markanten Erinnerungsorten in Deutschland wie etwa dem Hambacher Schloss oder dem Kölner Dom durchaus in einer Reihe. Ihre weithin bekannte nationale Symbolik beschert der »deutschesten aller Burgen« in jedem Jahr bis zu einer halben Million Besucher aus aller Welt.

Unzählige Dichter haben sie besungen, von zahllosen Künstlern wurde sie auf Papier oder Leinwand verewigt. Sie ist mit der geistigen Blüte der Landgrafschaft Thüringen im Mittelalter ebenso verbunden wie mit der sprachschöpferischen Bibelübersetzung Martin Luthers und dem Einheitsstreben der Deutschen im 19. Jahrhundert. Immerhin war das Wartburgfest der studentischen Burschenschaften zum 300-jährigen Reformationsjubiläum 1817 nach den Befreiungskriegen gegen Napoleon ein erstes großes Plädoyer für die deutsche Einheit. Die Verfassung des heutigen Freistaates wurde am 25. Oktober 1993 auf der Wartburg verabschiedet – ein ausdrückliches Bekenntnis der Thüringer zu den vielschichtigen Traditionslinien des historischen Ortes.

Dessen Aufwertung durch den Weimarer Hof im 19. Jahrhundert stieß in ganz Deutschland auf großes Interesse, weil sie der damaligen Suche nach authentischen Orten der nationalen Identifikation auf überzeugende Weise entgegenkam.

So dürfte sie nicht nur für den Weimarer Großherzog Carl Alexander (1818 bis 1901) »jenes berühmte Schloss« gewesen sein, »von dem im Mittelalter die Dichtkunst zuerst herabstieg in die deutschen Gaue«. In einem Brief an den Dichterfreund Hans Christian Andersen schwärmte der Herzog 1844 von einer »Unzahl« von historischen Erinnerungen, die an »jedem Stein« der Nebenresidenz hafteten – im Saal, »wo die deutschen Minnesänger zuerst

»Wo die deutschen Minnesänger zuerst dichteten und sangen«: die Wartburg.

»Die Ankunft der vierjährigen Elisabeth auf der Wartburg« – eines der Fresken von Moritz von Schwind auf der Wartburg aus den Jahren 1854/55.

Jahrhundertealte Überlieferungen

Jahrhundertealte religiöse Überlieferungen sind in Thüringen in rund 2000 Kirchen lebendig. Viele dieser Bauten gehen in ihren Anfängen zurück auf die Christianisierung durch Bonifatius im 8. Jahrhundert, an manchen Stellen wurden noch ältere Kirchen ersetzt – oder aber heidnische Kultstätten überbaut. So standen auf dem Erfurter Domberg mit der eindrucksvollen Silhouette von Mariendom und Severikirche aus dem 13. Jahrhundert schon vorher kleinere Kirchenbauten. Im Mittelalter galt die heutige Landeshauptstadt mit damals 25 Pfarrkirchen, 15 Klöstern und Stiften sowie zehn Kapellen als »das deutsche Rom«. Noch heute ist das »turmgekrönte Erfurt« die Stadt mit den meisten Kirchen in Ostdeutschland. Das Augustinerkloster, dessen berühmtester Mönch von 1505 bis 1511 Martin Luther war, gehört dazu, wie auch Predigerkirche, Allerheiligenkirche oder Kaufmannskirche. Die Barfüßerkirche ist seit 1944 Ruine. Lediglich der Altarraum wurde saniert und als Museum eingerichtet.

In Arnstadt als dem ältesten Ort im Freistaat kann es die Liebfrauenkirche in ihrer baugeschichtlichen Bedeutung durchaus mit den berühmteren Domen in Naumburg und in Bamberg aufnehmen.

Ähnlich wie Erfurt war auch die alte Freie Reichsstadt Mühlhausen in Nordthüringen im Mittelalter von fast 60 Kirchtürmen bestimmt. Von den einst 14 gotischen Kirchen sind noch elf erhalten, darunter die Divi-Blasii-Kirche, deren berühmtester Organist Johann Sebastian Bach war. Sechs der Gotteshäuser werden jedoch teilweise schon seit Jahrzehnten nicht mehr von Kirchgemeinden genutzt. Die Marienkirche und die Kornmarktkirche sind Gedenkstätten für den Bauernkrieg und dessen Anführer Thomas Müntzer, während die Allerheiligenkirche eine Museumsgalerie beherbergt. Die seit 1937 geschlossene Jakobikirche ist inzwischen Bibliothek und die Kilianikirche das neue Domizil einer Theaterwerkstatt.

dichteten und sangen«, im Landgrafensaal mit der Rüstkammer, in der »Capelle, in der Luther predigte«, und in den Gemächern, »wo die heilige Elisabeth still ihren Segen spendete«. Schließlich liege »auf dem Gange, den ich bewohne, gleich neben meinem Schlafzimmer« das Gemach, »wo Luther die Bibel übersetzte«.

Hugo von Ritgen als Architekt der historisierenden Erneuerung bezog in seine Pläne die Lutherstube von 1521/22 ebenso mit ein wie den Palas aus dem 12. Jahrhundert. Für die künstlerische Ausgestaltung war der Spätromantiker Moritz von Schwind (1804 bis 1871) zuständig, der sich dazu »in dem Sagenkreis und geschichtlichen Ereignissen, die sich auf die Wartburg und auf Thüringen beziehen, vollkommen orientiert« hatte. Die Fresken zum Sängerkrieg, zu Sagen aus der Landgrafenzeit und besonders zum Leben der heiligen Elisabeth gehören zum Besten, was er je geschaffen hat.

Architektur für die Seele

Nur wenige Kilometer von Mühlhausen entfernt verbindet das Zisterzienserkloster in Volkenroda alte Architektur mit der Moderne des 21. Jahrhunderts. Dort erhielt die einstige »Expo-Kirche« des Hamburger Architekten Meinhard von Gerkan ihren endgültigen Standort. Im Jahr nach der Weltausstellung 2000 in Hannover fand der große Umzug statt. Der 3000 Quadratmeter große »Christus-Pavillon« aus Stahl und Glas kam mit 100 Lkw-Transporten nach Thüringen, wo er seit dem Aufbau durch 400 Handwerker die erhaltenen Teile des 1525 zerstörten Klosters auf einzigartige Weise ergänzt.

In seinen gläsernen Wänden spiegelt sich Alltägliches: Fieberthermometer und Glühbirnen, Zahnbürsten und CDs, Kiefernzapfen und Miesmuscheln, Zollstöcke und Holzscheiben. Je nach Tageslicht und Transparenz sorgen die unterschiedlichen Füllmaterialien im Kreuzgang für wechselnde Lichtstimmungen. Fortgesetzt wird das Spiel mit Schatten und Strukturen in dem 24 mal 24 Meter großen und 18 Meter hohen Innenraum, wo eine dünne und durchscheinende weiße Marmorverkleidung das einfallende Licht vielfach bricht und dämpft.

Der unkonventionelle Kirchenbau nach dem Prinzip Metallbaukasten ist einfach und sinnfällig, reduziert auf wenige Materialien und unverwechselbar in der Atmosphäre. Für ihn verdeutliche der Christus-Pavillon »sinnstiftende Architektur zum seelischen Nutzen für die Menschen«, bekannte Architekt von Gerkan zur Eröffnung 2001.

Seither ist der Pavillon alljährlich zwischen Mai und Oktober nicht nur Ort für Gottesdienste, sondern auch für musikalische und kulturelle Veranstaltungen der unterschiedlichsten Art.

Die Marienkirche in Mühlhausen. Hier predigte einst Thomas Müntzer.

Gott und die Welt

Vom heiligen Bonifatius zum Kernland der Reformation

Die vom DDR-Regime propagierte Jugendweihe erfreute sich allmählich steigender Beliebtheit …

Fünfhundert Jahre nach der Reformation ist Thüringen längst in der säkularen Neuzeit angekommen. Zwar ist die Landschaft nach wie vor von Kirchen geprägt, von denen viele nach langer Vernachlässigung erst in jüngster Zeit wieder in alter Schönheit herausgeputzt wurden. Häufig machten Kirchbauvereine die traditionsreichen Gemäuer als zentrale Orte des Gemeinwesens und seiner Geschichte wieder zu Schmuckstücken. Beteiligt waren ebenso Thüringer wie Zugereiste, und manche von ihnen hatten keinerlei kirchliche Bindungen.

Was da in neuem Glanz erstand, ist für viele nicht zuletzt auch ein Stück ihrer Familiengeschichte: Dort wurden die Großeltern getraut, die Eltern konfirmiert oder Enkelkinder getauft.

Voll im Trend

Insgesamt aber liegt auch Thüringen voll im allgemeinen Trend zur säkularisierten Gesellschaft. Die vierzigjährige Geschichte des Landstrichs in der DDR hat diese Tendenz zweifellos verstärkt. Denn der antikirchliche SED-Staat hat Generationen von Thüringern systematisch von religiösen Traditionen und kirchlichen Bindungen entfremdet. Der Traditionsbruch begann schon in den Familien, wo Eltern ihre Kirchenmitgliedschaft aufgaben, um Nachteile für den eigenen Berufsweg oder für die Ausbildung der Kinder zu vermeiden. Parallel dazu verlor sich in vielen Familien das Erzählen von biblischen Geschichten, die einst selbstverständlich waren für ein Weitergeben ethischer Werte von klein auf. Die Schulen schließlich vermittelten den Heranwachsenden ein Weltbild, in dem Christen und Kirchen bestenfalls als gesellschaftlich überlebte Phänomene von gestern galten.

Diese offizielle Sicht der Dinge bekräftigte die DDR-Führung in den frühen Jahren des Staates mit einem beispiellosen Kirchenkampf, der auch an Thüringen nicht spurlos vorüberging. Im Januar 1953 blies die SED zum Großangriff auf die »Junge Gemeinde«, die als »Tarnorganisation für Kriegshetze, Sabotage und Spionage« verleumdet wurde – angeblich von »westdeutschen und amerikanischen imperialistischen Kräften dirigiert«. Dieses Tun müsse »entlarvt« werden, befand der Staat.

Was das bedeutete, erlebte Ursula Raatz aus Saalfeld als 16-jährige Schülerin am eigenen Leib. Nach einem mehrstündigen Tribunal der Freien Deutschen Jugend (FDJ) wurde ihr vor versammelter Klasse erklärt, sie dürfe die

Schule »bis auf Weiteres« nicht mehr betreten. Eine Begründung dafür erhielt sie so wenig wie ein Entlassungszeugnis.

Verlorene Traditionen

Ursula Raatz gehörte damals zu den insgesamt 3000 Schülern und knapp 2000 Studenten, die wegen ihrer Zugehörigkeit zur »Jungen Gemeinde« in der DDR von Schulen oder Universitäten flogen. Wer sich nicht lossagte, wurde öffentlich angeprangert. Der nächste Dauerkonflikt entzündete sich an der Jugendweihe, mit der die SED-Führung 1954 eine Gegenveranstaltung zur Konfirmation beziehungsweise Firmung installierte. Anfangs interessierten sich jedoch nur wenige dafür, weshalb SED-Chef Walter Ulbricht persönlich im Herbst 1957 von Thüringen aus eine massive Werbekampagne startete.

Auf einer Veranstaltung in Sonneberg forderte er, alle Jugendlichen von den Feiern mit dem Bekenntnis zum sozialistischen Staat zu überzeugen: »Das Gelöbnis, das ihr in einigen Monaten bei eurer Jugendweihe sprechen werdet, ist kein leeres Wort.« Trotz der umgehenden kirchlichen Kritik am »Kampf gegen Überzeugungen und Einrichtungen der Kirche« war der Siegeszug des staatlichen Rituals auch in Thüringen nicht aufzuhalten. Wer sich der Jugendweihe verweigerte, riskierte Nachteile in der Schule und für das Studium. Zum Schluss beteiligten sich fast 98 Prozent der entsprechenden Jahrgänge. Die Jugendweihe war, ungeachtet ihres politischen Anliegens, längst als Familienfest etabliert – und weithin akzeptiert.

Der damit verbundene Traditions- und Kulturbruch hat nach der Einschätzung von Wissenschaftlern »die Kirchen in ihrem Mark« getroffen. Statistiken belegen diese Tatsache für Thüringen mit anschaulichen Zahlen. Während nach dem Zweiten Weltkrieg über 93 Prozent der Thüringer zu einer Kirche gehörten – mehr als drei Viertel davon waren evangelisch –, ist heute nur noch etwa ein Drittel der Bevölke-

rung im Freistaat kirchlich gebunden. Die Unterschiede in den einzelnen Regionen sind durchaus beträchtlich. Spitzenreiter ist nach jüngsten Erhebungen der Kirchenkreis Hildburghausen-Eisfeld mit über 42 Prozent evangelischer Christen. Als Schlusslicht gilt die Landeshauptstadt Erfurt mit nur knapp 14 Prozent

… doch den Glauben konnten sie den Thüringern nicht austreiben: Palmprozession am Erfurter Dom im Jahr 2009.

mäßigen evangelischen Regionalkirchentagen waren auch zu diesen Anlässen trotz aller Mühsal und Behinderungen immer wieder Tausende Menschen unterwegs – als sichtbares Zeichen gegen alle staatliche Propaganda.

In einer Urkunde von 897 erstmals erwähnt, gehörten große Teile des Eichsfelds schon damals zum katholischen Erzstift Mainz. Später trafen Reformation und Bauernkrieg die Region besonders hart. Nach einem raschen Siegeszug der Protestanten wurde die Gegend mit der Gegenreformation ab 1574 wieder vollständig katholisch. Die Jesuiten leisteten ganze Arbeit, indem sie in Heiligenstadt ein neues Kolleg gründeten, von dort aus zunächst Mission und Krankenpflege voranbrachten und sich sehr bald auch der Theologie und Wissenschaft sowie der Bildung und Erziehung widmeten.

»… wie durch höheren Wirkens Kraft barst sie sofort in vier Teile« – Die Fällung einer Donar-Eiche durch Bonifatius soll sich auch im Wawet bei Erfurt zugetragen haben.

Protestanten. In den ländlichen Regionen liegen die Mitgliederzahlen generell höher als in den größeren Städten und deren Umfeld.

Sonderfall Eichsfeld

Eine Thüringer Besonderheit ist das Eichsfeld, das sich über Jahrhunderte seine besondere Prägung als katholische Region im Norden des Landes bewahrte. Selbst in der DDR scheiterten alle Versuche, die enge Kirchenbindung der Menschen etwa durch neue Großbetriebe oder auswärtige Arbeitskräfte aufzubrechen. Gleichwohl forderte noch 1982 der damalige SED-Chef des Bezirkes Erfurt, Gerhard Müller, kirchlich gesinnte Funktionäre in seiner Partei müssten entweder in ihrem Verhältnis zur Kirche einen »Schlussstrich« ziehen – oder aber ihre Parteifunktion aufgeben.

Doch eine solche Order hatte im Eichsfeld keine Chance. Wie grandios alle diese Bestrebungen zum Scheitern verurteilt waren, zeigten dort bis zum Ende der DDR die kirchlichen Gedenktage Allerheiligen und Allerseelen, aber auch andere katholische Feiertage sowie zahlreiche Wallfahrten. Ähnlich wie bei den regel-

Heidnische Vorzeit

Bevor Thüringen im späten fünften Jahrhundert christlich wurde, galten die Beobachtungen des römischen Geschichtsschreibers Tacitus (54 bis ca. 128 n. Chr.) in seiner »Germania« auch für die Menschen im Landstrich zwischen Werra und Weißer Elster:

»Von den Göttern verehren sie am meisten den Merkur (Wodan); sie halten es für geboten, ihm an bestimmten Tagen Menschenopfer darzubringen. Herkules (Donar) und Mars (Zio) stimmen sie durch bestimmte Tiere gnädig … Sie weihen ihnen Lichtungen und Haine, und mit göttlichen Namen benennen sie jenes geheimnisvolle Wesen, das sie nur in frommer Verehrung erblicken.«

Für diese heidnischen Opferkulte haben Archäologen bei Grabungen an mehreren Stellen in Thüringen zahlreiche Zeugnisse zutage gefördert. Wichtigster Fundort ist zweifellos das Oberdorlaer Rieth bei Mühlhausen, wo an einem früheren Kultsee mehrere Heiligtümer für die Zeit zwischen dem siebten vorchristlichen Jahrhundert und der Völkerwanderung ausgemacht werden konnten.

Einer der ältesten Belege für frühes Christentum ist das bei Neunheilingen gefundene Fragment eines römischen Fingerringes mit dem deutlich erkennbaren Christusmonogramm aus den griechischen Buchstaben X und P, das ins vierte Jahrhundert zu datieren ist. Auch das bei Schlotheim entdeckte Priestergrab aus dem siebten Jahrhundert ist ein Zeichen dafür, dass es erste Christensiedlungen im späteren Thüringen schon lange vor dem heiligen Bonifatius (um 672 bis 754) gab: Die mit anderen Grabbeigaben wie Messer, Schere oder Pinzette gefundene Speerspitze ist mit christlicher Symbolik geschmückt.

Bonifatius kommt

Als sich die Stadtväter von Erfurt im 19. Jahrhundert ein neugotisches Rathaus leisteten, ließen sie die Innenräume ganz im Stil der Zeit mit monumentalen Historienbildern ausmalen. Bonifatius durfte dabei nicht fehlen. Immerhin war Thüringen für den Kirchenmann, den der damalige Zeitgeist soeben zum »Apostel der Deutschen« erhoben hatte, nach mehreren gescheiterten Anläufen so etwas wie das Einfallstor für die letztlich erfolgreiche Christianisierung bis hinauf in den friesischen Norden.

Der Düsseldorfer Historienmaler Peter Janssen der Ältere zeigt denn auch im Erfurter Rathaussaal einen triumphierenden Bonifatius, der soeben »in der Zuversicht seines standhaften Geistes« eine den Heiden heilige Donar-Eiche gefällt hatte. »Als er jedoch nur ein wenig den Baum angehauen hatte, wurde sofort die gewaltige Masse der Eiche von höherem göttlichen Wehen geschüttelt und stürzte mit gebrochener Krone zur Erde«, berichtete ein Chronist im achten Jahrhundert und fuhr fort: »... wie durch höheren Wirkens Kraft barst sie sofort in vier Teile, und vier ungeheuer große Strünke von gleicher Länge stellten sich, ohne dass die umstehenden Brüder etwas dazu durch Mitarbeit getan, dem Auge dar.« Selbstredend wurden »die vorher fluchenden Heiden« durch das

imposante Schauspiel »umgewandelt, ließen von ihrem Lästern ab, priesen Gott und glaubten an ihn«. Und Bonifatius baute aus dem Holz ein Bethaus »zu Ehren des heiligen Apostels Petrus«.

So weit die Legende, die die Erfurter einst für sich beanspruchten, indem sie das wundersame Geschehen kurzerhand in die Wawet verlegten, ein Waldgebiet am Südrand der heutigen Landeshauptstadt. Historiker indes halten das hessische Geismar bei Fritzlar für den Ort des symbolträchtigen Ereignisses. Wie auch immer: Dass Thüringen für die Verbreitung des Christentums unter den Deutschen eine Schlüsselrolle zukam, ist unbestritten.

Die Gründung des Bistums Erfurt durch Bonifatius ist für das Jahr 742 belegt. Der neue Bischofssitz befinde sich an einem Ort, »der seit langer Zeit eine Stadt der heidnischen Landleute war«, berichtete der angelsächsische Missionar nach Rom. In der Kleinstadt Ohrdruf bei Gotha gründete er schon um 725/26 sein erstes Thüringer Kloster. Der Ort erinnerte daran knapp 1200 Jahre später auf ganz eigene Weise, indem er nach dem Ersten Weltkrieg den missionierenden Mönch auf das örtliche Notgeld brachte. »Einst, als Bonifatius predigend und taufend nach Thüringen kam, gelangte er an einen Fluss, der Ohara heißt, wo er in Zelten übernachtete«, erläutert die Umschrift auf dem 50-Pfennig-Schein.

Kirchliche Reformer

Zu dem Missionsauftrag, den der Papst dem heiligen Bonifatius erteilt hatte, gehörte aber neben den deutschen Landen auch die Ausdehnung der Kirche und ihrer Strukturen in ganz Europa. Dadurch wurde das spätere Thüringen in den nächsten Jahrhunderten zu einem Durchzugsgebiet für die unterschiedlichsten geistigen und religiösen Strömungen. Deren Vertreter hinterließen hier, in der Mitte des Kontinents, allenthalben ihre Spuren. Kirchen und Klöster der aufkommenden Reformorden

Martin Luther wurde in Thüringen zum Reformator – und übersetzte, als »Junker Jörg« getarnt, auf der Wartburg das neue Testament ins Deutsche. Holzschnitt des »Junker Jörg« von Lukas Cranach d. Ä.

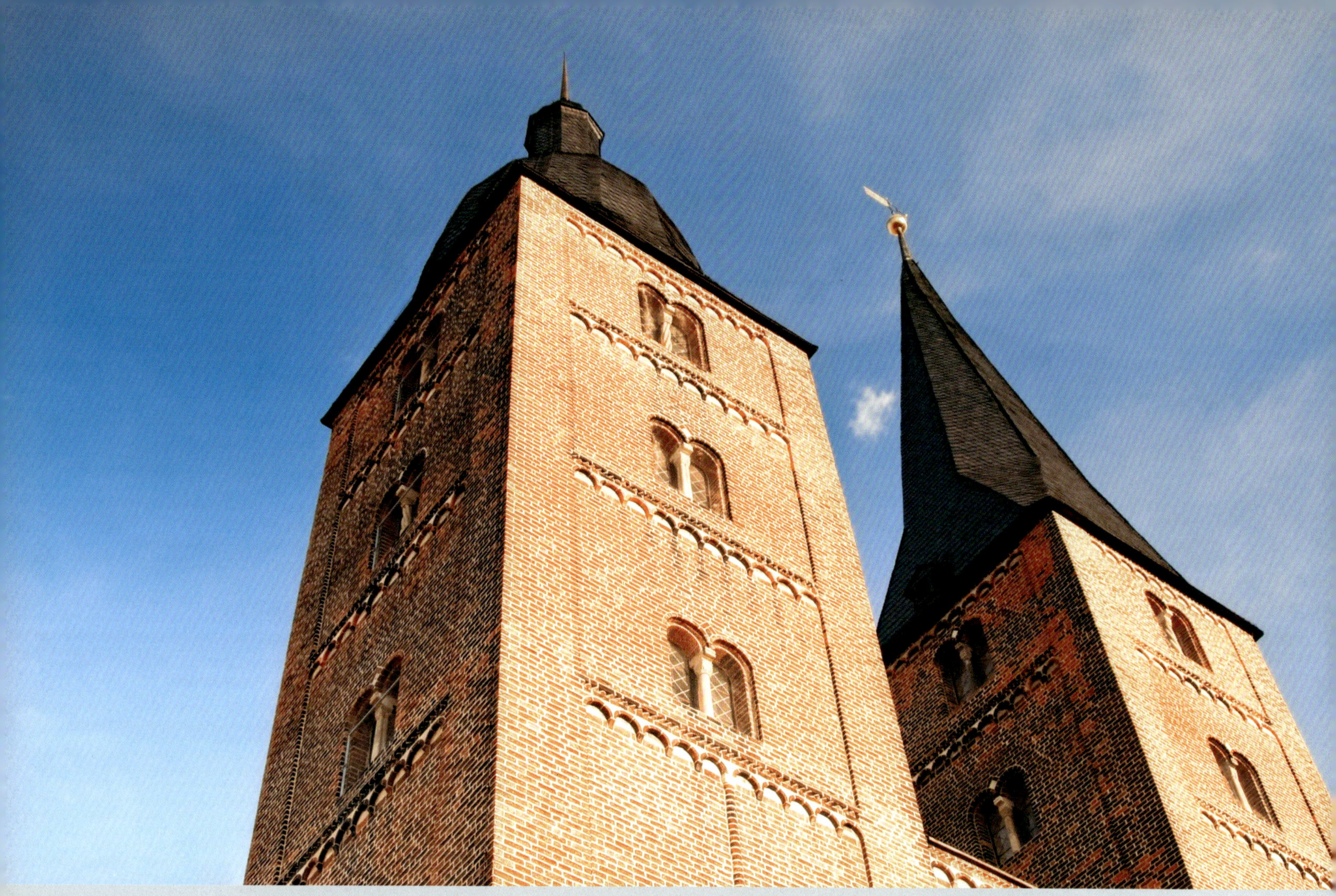

Ein Land der Kirchen und (ehemaligen) Klöster

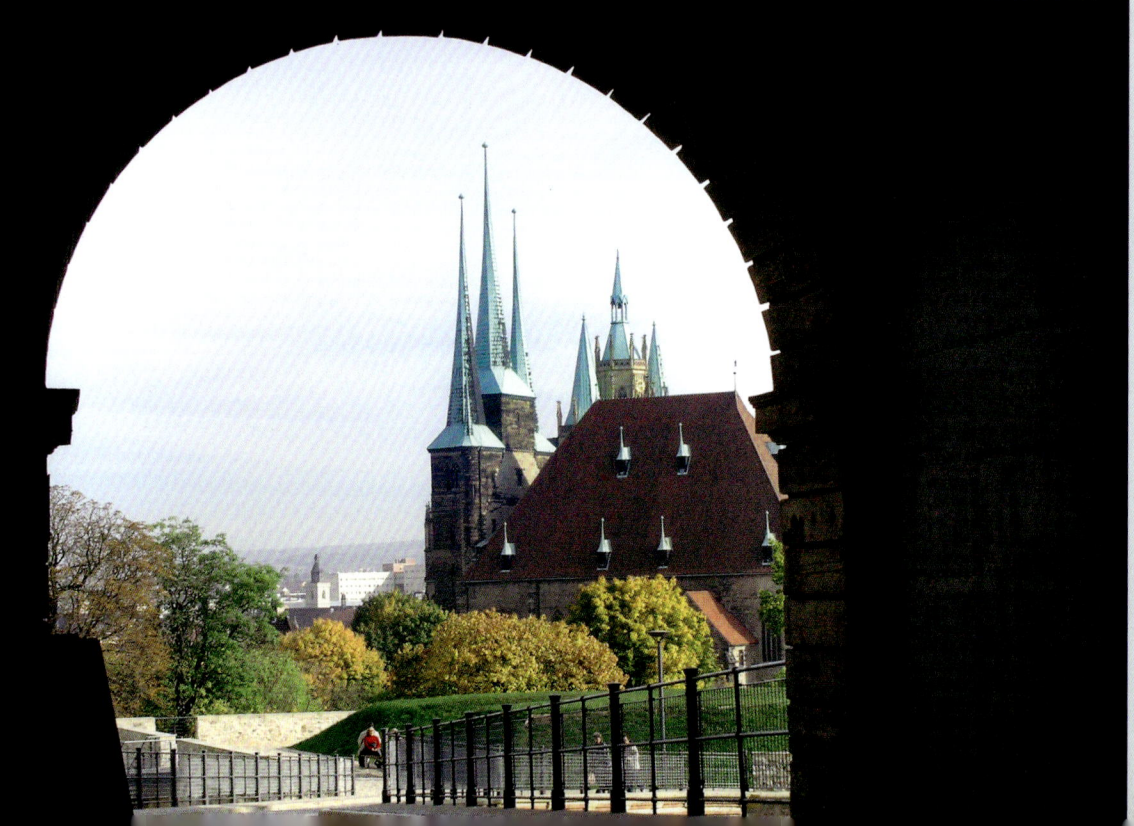

Die »roten Spitzen« der ehemaligen Marienkirche des **Augustinerklosters Altenburg** (links oben).
Die Barfüßerkirche in **Erfurt** wurde im Zweiten Weltkrieg zerstört (rechts oben).
Durchblick auf Severikirche und Dom in **Erfurt** (links).
Kirche und Landschaft in **Rimbach** im Eichsfeld (rechts).

»Siehe, o Gott, jetzt schließen wir Deinen Tempel zu« – die Ruine des nach der Reformation zerstörten Klosters Paulinzella.

auch im Kernland der Reformation die Klöster auf oft brutale Weise – und zerstörte damit sozusagen die eigenen Wurzeln, denn Martin Luther war ja Augustinermönch gewesen. Eine anonyme Klage von 1542 über den Verlust Paulinzellas gilt durchaus auch für die vielen anderen Klöster, die nicht nur in Thüringen geplündert und zerstört wurden:

»Nun fliehen wir aus dem Kloster und verlassen die lieblichen Gefilde. Siehe, o Gott, jetzt schließen wir Deinen Tempel zu. Wenn Du dies liest, fromme Nachwelt, wirst du verwundert sein über die Widrigkeiten des Geschicks … Ach, wir müssen fort von hier. Lebt wohl, ihr heiligen Bänke der Andacht. So versprengt ein Mönch die Mönche und vertreibt sie …«

wurden nicht nur zu Zentren der geistlichen Macht, sondern zusehends zu Orten des wirtschaftlichen Aufschwungs. Die Mönche rodeten Wälder, legten Felder und Fischteiche an und stellten in Manufakturen Gebrauchsgegenstände für den Alltag her.

Ein markantes Beispiel dafür ist Kloster Paulinzella im Rottenbachtal bei Rudolstadt, das zwischen 1102 und 1105 von einer Adligen namens Paulina gegründet wurde und ein Beispiel für die von Hirsau ausgehende Reformbewegung der Benediktiner ist. Nach der Reformation wurde es jedoch 1534 aufgehoben. Die Kirche verfiel, große Teile des Mauerwerks wurden zum Baumaterial für neue Gebäude in der Region. Die reichen Klostergüter mit Äckern, Wäldern, Wiesen, Weingärten, Teichen und Mühlen in 52 Dörfern der Umgebung gingen an die Grafen und späteren Fürsten von Schwarzburg-Rudolstadt. Die Romantik entdeckte die imposante Klosterruine um 1800 als »vaterländisches Denkmal«, das seither Künstler und Laien in zahllosen Varianten in Zeichnungen und auf Gemälden verewigt haben.

Die einstige Klosterausstattung ist jedoch in den Wirren des 16. Jahrhunderts verloren gegangen. Das neue Kirchenverständnis traf

Glaubensbrüder aus Böhmen

Im 18. Jahrhundert wurde Thüringen durch die ganz persönliche Entscheidung eines Reichsgrafen zur neuen Heimat für protestantische Glaubensflüchtlinge aus Böhmen. Graf Nikolaus Ludwig von Zinzendorf (1700 bis 1760), der 1722 auf seinen Gütern in der Oberlausitz bedrohten böhmischen Christen den Aufbau ihrer Siedlung Herrnhut ermöglichte, heiratete im gleichen Jahr Erdmuthe Dorothea Gräfin von Reuß-Ebersdorf. Sie war die Schwester des reußischen Fürsten Heinrichs XXIX., der im ostthüringischen Ebersdorf seine Sommerresidenz hatte. So fügte es sich, dass dort zwischen 1736 und 1800 eine weitere »Herrnhuter Colonie« entstand. Noch bis ins vorige Jahrhundert nannten Einheimische die Siedlung »Heiligenebersdorf«. Heute zählt dieser Ableger der inzwischen weltweit verbreiteten Glaubens- und Lebensgemeinschaft in dem kleinen Ort unweit der Bleilochtalsperre an der Saale noch etwa 100 Mitglieder.

Der Gottesacker für die verstorbenen Angehörigen der »Brüdergemeine« ist ein symbolträchtiger Ort: Die einförmigen Grabsteine unter alten Bäumen stehen für die Gleichheit aller Menschen vor Gott. Frische

Die Thüringer als Vorreiter einer modernen Begräbniskultur

Eine besondere Sicht auf Gott und die Welt offenbart der Friedhof von Gotha mit seinem repräsentativen Krematorium.

Dort begann am 10. Dezember 1878 mit der Einäscherung des Ingenieurs Carl Heinrich Stier das Zeitalter der Feuerbestattungen in Deutschland. Im damaligen Fürstentum Sachsen-Coburg und Gotha waren die liberalen Ideen einer Einäscherung auf fruchtbaren Boden gefallen, sodass Spendenaktionen des örtlichen Feuerbestattungsvereins schließlich 1878 den Krematoriumsbau ermöglichten.

Zwar blieb es über Jahre die einzige Anlage dieser Art in Deutschland, und noch vor hundert Jahren gab es hierzulande gerade mal 20 Krematorien. Dennoch löste die erste Verbrennung eines menschlichen Leich-

nams in der Neuzeit eine Revolution in der Bestattungskultur aus. Inzwischen sind Feuerbestattungen in der Bundesrepublik längst überall Normalität – wenngleich mit regionalen Unterschieden zwischen Ost und West sowie zwischen dem Norden und den vorwiegend katholisch geprägten Gegenden im Süden.

Das Gothaer Krematorium mit Säulenfassade und überlebensgroßen Engelsfiguren ist das älteste in ganz Europa und nach wie vor funktionstüchtig.

Eine Besonderheit ist die 1892 angefügte Pfeilerhalle mit Glasdach und Platz für etwa 400 Urnen. In diesem Kolumbarium haben die sterblichen Überreste der Wiener Pazifistin und Autorin Bertha von Suttner (1843 bis 1914) einen Ehrenplatz. Als engagierte Befürworterin der neuen, als »weltlich« angesehenen Bestattungsform hat sie die dauerhafte Aufbewahrung ihrer Urne in der Thüringer Residenzstadt ausdrücklich in ihrem Testament verfügt.

Blumen sieht man hier bestenfalls unmittelbar nach einer Beerdigung. Manche der alten Steine sind zum Zeichen der Vergänglichkeit allen irdischen Seins längst von dichtem Moos überwuchert. Einen vergleichbaren Ort gibt es in Thüringen nur noch in Neudietendorf bei Erfurt, dessen Herrnhuter Kolonie ab 1743 für böhmische Arbeitskräfte entstand.

Typisch für die beiden Friedhöfe sind die flachen Steine mit schlichten Aufschriften, die Trennung der Beigesetzten nach Geschlecht, das Fehlen von Ehe- und Familiengräbern sowie die Bepflanzung mit Hecken und Linden. Beigesetzt sind die Verstorbenen in der zeitlichen Reihenfolge ihres Todes und in Anlehnung an die frühere Sitzordnung im Kirchsaal.

Der Weg zu den Gräbern führt durch ein Eingangstor mit Bibelsprüchen, in denen der christliche Auferstehungsglaube zum Ausdruck kommt. Und mit den eingravierten Textstellen auf den Steinen erscheint der Gottesacker manchen Besuchern wie eine aufgeschlagene Bibel.

Zudem ist unter den Herrnhutern noch immer eine uralte Tradition lebendig: Bei Sonnenaufgang am Ostermorgen versammeln sich die Gemeindemitglieder zu einer Andacht an den Gräbern ihrer Toten. Und im 19. Jahrhundert, als monumentale Grabdenkmäler als Statussymbol für die Verstorbenen in Mode kamen, galt ein schlichter Herrnhuter Gottesacker als positiver Gegenentwurf für ein angemessenes Totengedenken.

Gottesacker der Brüdergemeine in Ebersdorf – ein schlichter Gegenentwurf zum Pomp manch anderer Begräbnisstätte.

Puffbohnen, Fettguschen und Weimaraner

Die Menschen in Thüringen sind vielfältig wie die Landschaft

»Bilderbuch-Thüringer« auf einer alten Postkarte – was macht eigentlich die Identität dieses Volksstammes aus?

Für den wandernden Schriftsteller August Trinius (1851 bis 1919) war die Südthüringer Glasbläserstadt Lauscha einst »der originellste Ort des gesamten Waldes«. Was dort »den Wanderpoeten wie den Künstler in gleicher Weise in den Bann schlägt«, sei »die Eigenart seiner Bewohner«, schrieb er 1902 in seinem »Thüringer Wanderbuch«. Denn »in dem kleinen Worte Lauscha« klinge »für das kundige Ohr so viel zusammen: Musik und Gesang, Lebensfreude und Spottlust, Schalkhaftigkeit und Übermut, ein rührender Fleiß, Kunstsinn und Unternehmungskraft, Phantasie und eine tiefe Liebe zum heimatlichen Berglande«.

Damit sind wichtige Mosaiksteine des Thüringer Selbstverständnisses am Beispiel eines Ortes und seiner Menschen trefflich zusammengefasst. Zu ergänzen wären vielleicht noch die immer wieder als sprichwörtlich gelobte Gastfreundschaft und die ausgeprägte Vorliebe für Geselligkeit bei deftigen Speisen und kräftigen Getränken. Jedenfalls sieht sich der Thüringer gerne so und ist überzeugt, dass diese Beschreibung auch zutrifft.

Die durchaus sympathische Eigensicht wird von dem weithin verbreiteten Thüringen-Bild jenseits der Landesgrenzen auf geradezu geniale Weise ergänzt: Für Auswärtige bedeutet Thüringen vor allem Kulinarisches wie Bratwurst oder Klöße, eine intakte Natur und Landschaft sowie interessante historische Städte und Stätten alter Kultur.

So manche der Landeskinder entdecken erst unter Nicht-Thüringern – und mitunter zu ihrer eigenen Überraschung! – eine tief im Innersten verankerte Verbundenheit mit den Prägungen ihrer Herkunft. Das war schon früher so, als Heimweh noch als körperliche Krankheit galt – immerhin bis ins 18. Jahrhundert. Als heilsames Gegenmittel gab es angeblich nur die Rückkehr in die Heimat. Wenigstens etwas Linderung versprach die Heimatdichtung über den »schönsten Wiesengrund« mit »meiner Heimat Haus« oder über den Abschied von daheim: »Nun ade, du mein lieb Heimatland«. Auch der Meininger Dichter Rudolf Baumbach (1840 bis 1905), dessen Lied »Hoch auf dem gelben Wagen« der singende Bundespräsident Walter Scheel vor Jahrzehnten wieder populär machte, erinnerte sich während seiner Jahre im fernen Triest in einem wehmütigen Lied an »Mein Thüringen, aus dem ich schied«.

des Weimarer Geheimen Hofrats Ernst Viktor Schellenberg (1827 bis 1896) sind allerdings aus dem kulturellen Bewusstsein der Thüringer weitgehend verschwunden.

Zweifellos ist die Liebe zur Heimat als Herkunft und Bindung für die Thüringer charakteristisch – aber nur für sie? Auch bei anderen

Typisch Thüringen?

Von Heimatliebe lebt auch die inoffizielle Landeshymne »Thüringen, holdes Land« aus dem 19. Jahrhundert mit ihrem Schwärmen von Frühling, Freude und Lust, fröhlichen Liedern und einer »Ruhestatt an Liebchens Brust«. Frisches Waldesgrün reimt sich auf »rosige Wangen glühn«, Brünnlein quellen, Bächlein rauschen, und »aus jedem Fenster winkt lächelnd ein Gruß«. Idyllisch ist auch die Verheißung für die Zeit nach dem Tod, wenn Lüfte das Grab umwehen, Tannen »kühl herab« rauschen und Rehe »Hügel und Moos« umspielen. Die Verse

Aspekten führt die Suche nach »typisch Thüringen« auf unsicheres Terrain, zumal die Menschen zwischen Werra und Weißer Elster noch nicht einmal hundert Jahre unter einem Dach zusammenleben. Thüringen, das war einst »der König von Preußen, der Großherzog von Sachsen-Weimar, die Herzöge von Sachsen-Meiningen-Hildburghausen und von Sachsen-Coburg-Gotha, die Fürsten von Schwarzburg-Rudolstadt und von Sondershausen und der Kurfürst von Hessen«, wie es um 1850 der Geschichtsschreiber Eduard Duller formulierte – er vergaß dabei die reußischen Residenzen in Ostthüringen. Die jeweils

Glasbläserei ist eines der traditionellen Gewerbe in Thüringen.

unterschiedlichen Prägungen dürften in den Köpfen der Menschen das Ende der Monarchie ebenso überlebt haben wie die Landesgründung von 1920.

Was hat es also mit den vorgeblichen Thüringer Charakteristika wirklich auf sich? Wenn man der Wahrheit die Ehre gibt, muss

Thüringer Kirmes – dieses Schaubild wurde für die Weltausstellung 1910 geschaffen und ist heute im Sonneberger Spielzeugmuseum zu bewundern.

man es wohl so sehen: Einst vor allem von Literaten ersonnen, waren die positiven Attribute bei der Suche nach einer gemeinsamen Identität den nunmehr vereinten Thüringern höchst willkommen. Die Menschen fanden sich in den Projektionen offenbar wieder – und machten sich die Botschaften von ihrer Wesensart schließlich zu eigen. Doch auch dabei bestimmen, wie überall im Leben, Ausnahmen die Regel. Denn neben kunstsinnigen und fleißigen Zeitgenossen gab und gibt es immer den Widerpart ohne jeglichen Sinn für Kunst oder »rührenden Fleiß«. Manch einer wandert bis heute gern durchs Land und singt dabei »O Täler weit, o Höhen«, während der Nachbar bei TV und Internet zum schweigsamen Stubenhocker mutiert. Und schließlich war und ist auch unter Thüringern die Geselligkeit an einer üppig gedeckten Tafel nicht unbedingt jedermanns Sache.

Gleichwohl haben Prägungen vor allem durch Natur und Landschaft durchaus Cha-

rakteristisches hervorgebracht. Im »Land der armen Leute«, wo noch um 1900 bis zu 90 Prozent der Menschen in uralten Dörfern lebten, brachten die reichen Ressourcen der ausgedehnten Wälder eigene Erwerbszweige hervor, mit denen viele Famlien über Generationen ihr Auskommen hatten – vom Kräuterhändler über den Glasbläser bis zum »Porzelliner« (der Teile für Puppen herstellte beziehungsweise bemalte) und Spielzeugmacher. Deren Leben war zumeist bescheiden, was andererseits den Stolz auf das Erreichte umso größer machte. Ähnliches galt für die ländlichen Gebiete, deren Kleinteiligkeit Thüringen bis heute bestimmt. Selbst mit der Industrialisierung zogen die meisten die Sicherheit in der Heimat den Unwägbarkeiten der Fremde vor.

Festkultur und verordneter Frohsinn

So gelten die Thüringer seit alters immer auch als zuverlässig und bodenständig. Auf heimischem Boden entwickelten sie eine bunte Kultur von Festen und Bräuchen mit der alljährlichen Kirchweih als Höhepunkt. Ursprünglich am Tag des örtlichen Kirchenpatrons begangen, waren sie vielerorts zugleich Trachten-, Tanz- und Kuchenfest, auch Heirats- und Jahrmarkt. Bei alledem war die Kirmes oder Kirmse für Fortgezogene oder Ausgewanderte stets ein Anlass zur Rückkehr in die Heimat – und sei es nur vorübergehend für kurze Zeit.

Wie wichtig den Thüringern diese Feste sind, zeigten Spielzeughersteller aus der Sonneberger Region 1910 auf der Weltausstellung in Brüssel einem internationalen Publikum. Ihr eindrucksvolles Schaubild »Thüringer Kirmes« vereint vor einer dörflichen Fantasiekulisse mit Fachwerkhäusern, Karussell und Schießbude fast 70 Figuren, von denen einige fast lebensgroß sind. In Brüssel sollte die mit einem Grand Prix prämierte Inszenierung vor allem für die Thüringer Spielzeugindustrie werben. Ein Jahrhundert später ist sie das Prunkstück des Sonneberger Spielzeugmuseums: Die Sehnsuchtslandschaft, die von einer vertrauten und überschaubaren Welt erzählt, in der man ohne die Segnungen und Verwerfungen der Moderne auskommt.

Dass bei den Feiern mit dem ganzen Dorf Essen und Trinken stets eine besondere Rolle spielten, versteht sich von selbst. Ein beliebter

lustigungen nicht beklagen. Vom Staat nach dem Motto »Feste arbeiten – Feste feiern« gefördert, sollten sie den Menschen Geselligkeit und Unterhaltung bringen und zugleich regionale Überlieferungen lebendig halten. Dazu entstanden unter dem Stichwort »Folklore« ab 1978 für Thüringen entsprechende

Treffpunkt zu allen diesen Festen waren einst die Tanzlinden, in deren Geäst unter der Baumkrone ein- bis dreistufige Tanzböden mit Galerien und Stiegen eingezogen waren. Diese Besonderheit gibt es nirgendwo so häufig wie in Thüringer Dörfern.

Die meisten Volksfeste haben die Zeitläufte überdauert – wenn auch manchmal mehr schlecht als recht und ohne Bezug zum eigentlichen Anlass. Selbst in der DDR konnten sich die Thüringer über einen Mangel an Volksbe-

Einrichtungen in Erfurt, Suhl und Rudolstadt, und im südthüringischen Schmalkalden gab es im gleichen Jahr das erste Folklorefestival der DDR. Zwar ging die Rechnung der DDR-Führung nicht auf, über den »verordneten Frohsinn« in der Bevölkerung eine stärkere Identifikation mit dem SED-Staat zu erreichen. Doch die Mitglieder der »Volkskunstkollektive« sorgten nicht zuletzt auch dafür, dass alte Bräuche und Traditionen nicht spurlos in Vergessenheit gerieten.

Der Eisenacher »Sommergewinn« gilt als Deutschlands größtes Frühlingsfest.

Bei alledem fügen sich gelebte Überlieferungen bis in die Gegenwart zu einem bunten Bild der Vielfalt von Regionen und Menschen. Neben der Kirmes gibt es in Thüringen zu nahezu jeder Jahreszeit, in den Sommermonaten beinahe an jedem Wochenende, irgendwo irgendwelche Feierlichkeiten. Brunnen- oder Waldfeste gehören ebenso dazu wie Feste der Bierbrauer oder der Winzer, allgemeine Dorf-, Stadt- oder Trachtenfeste sowie Märkte für Pferde und Zwiebeln und Keramik und Gaukler – oder was sich sonst noch zu Markte tragen lässt.

Darüber hinaus aber haben manche Veranstaltungen durchaus das Zeug zu einem »Alleinstellungsmerkmal«, wie es Marketingstrategen neuerdings gern nennen. Wie etwa der Sommergewinn, mit dem die Eisenacher seit 1897 alljährlich das größte Frühlingsfest in ganz Deutschland feiern. Oder das Skatbrunnenfest in Altenburg, das seit 1993 regelmäßig in dem Ort an der östlichen Landesgrenze stattfindet. Es erinnert an die Anfänge dieses Kartenspiels, das zwischen 1810 und 1815 in der damaligen Altenburger Residenz entstand. Das Kuhschwanzfest in Eisfeld mit seiner 400-jährigen Geschichte lebt von einer Spottlegende aus den Nachbarorten: Danach sollen einst beim Festumzug die Wagen von Ochsen und Kühen gezogen worden sein. Das Herrscheklasfest schließlich, bei dem zur Weihnachtszeit in der Rhön urtümliche Masken die Szenerie bevölkern, geht vermutlich auf alte heidnische Bräuche zur Zeit der Wintersonnenwende zurück.

Thüringer Spitznamenkabinett

Eigentümlich mutet auch manch volkstümliche Bezeichnung für Bewohner von Thüringer Städten an. So nennt sich ein waschechter Erfurter gern »Puffbohne« – nach einem »Gärtnerlied« von 1873, das von dem rings um die Stadt blühenden Gewächs als »unser Stolz und Gaudium« berichtet. Angeblich waren diese besonders großen »aufgebufften Bohnen« aus dem Erfurter Becken schon im Mittelalter als nährstoffreiches Essen bekannt. Für den Spitznamen »Gersche Fettguschen« soll die einstige Vorliebe der Menschen in Gera für Fettbrote verantwortlich sein: Mit Heißhunger und Hingabe verzehrt, hinterließ ein solches Brot mit frischem Schmalz um den Mund herum bisweilen einen fettglänzenden Rand.

Vorsicht indes ist bei der Bezeichnung »Weimaraner« für die Einwohner der Kulturstadt geboten. Zwar lässt sie sich trefflich erklären mit dem bekannten Ausspruch von Goethe – »bin Weltbewohner, bin Weimaraner«. Doch mittlerweile steht »Weimaraner« für Jagdhunde, die von Carl August, dem Fürsten der Goethezeit, am Weimarer Hof gehalten wurden und seit über hundert Jahren als anerkannte deutsche Hunderasse planmäßig gezüchtet werden.

Zu den ganz bekannten Veranstaltungen in Thüringen gehört auch der Weimarer Zwiebelmarkt.

Geschichte Thüringens

Lagerfeuer mit Löwe und Nashorn

Die ersten Thüringer treffen sich in der Savanne

menschen (Homo erectus) zwischen Thüringer Wald und Harz vor etwa 400 000 Jahren. Auf dem Gebiet des heutigen Deutschland gab es damals gerade mal geschätzte 7000 Angehörige jener frühen Menschenform, die in der Altsteinzeit aus Afrika bis nach Mitteleuropa vorgedrungen war. An die Neandertaler war noch nicht zu denken: Die wohl populärsten Urmenschen im späteren Deutschland sind »nur« etwa 120 000 Jahre alt. Einer der ersten Wissenschaftler, der 1856 nach den Funden im Neandertal bei Düsseldorf von menschlichen Frühformen sprach, war der – übrigens aus Thüringen stammende – Naturforscher Johann Carl Fuhlrott (1803 bis 1877).

So ähnlich könnten die Urmenschen ausgesehen haben, die einst bei Bilzingsleben oder Ehringsdorf lebten: Rekonstruktion des Homo erectus. **Vorhergehende Seite:** Der Dichter blickt auf sein Reich – Goethebüste in der Anna-Amalia-Bibliothek in Weimar.

Die ersten Menschen auf dem Gebiet des heutigen Thüringen teilten sich eine fruchtbare Savanne mit Löwen, Nashörnern und Elefanten. Sie waren erfahrene Jäger und Sammler, die mit Feuer ebenso umgehen konnten wie mit Werkzeugen aus Stein oder aus Knochen von erlegten Tieren. Für die jeweils 25 bis 30 Leute ihrer Sippen bauten sie Unterkünfte aus Stangen und Tierfellen, vor den Behausungen legten sie Arbeitsplätze mit Feuerstellen an. Auf Suche nach Nahrung streiften sie täglich in einem Umkreis von 15 bis 20 Kilometern durch die waldreiche Landschaft.

So jedenfalls beschreiben Forscher anhand archäologischer Befunde die Szenerie des Ur-

Für das Leben der deutlich älteren Urmenschen im mitteldeutschen Raum liefert die »Steinrinne« von Bilzingsleben bei Bad Frankenhausen wichtige Anhaltspunkte. Allein an dieser Fundstelle haben Wissenschaftler in Sand und Geröll aus Travertin bisher fast 40 menschliche Knochenreste und mehr als 140 000 andere altsteinzeitliche Zeugnisse freigelegt. Zu den spektakulären Funden gehören neben Tausenden Geräten aus Stein, Knochen, Geweih, Elfenbein und Holz auch mehrere Tonnen Material mit aufschlussreichen Hinweisen auf die damalige Tier- und Pflanzenwelt.

Zeugnisse aus grauer Vorzeit

In der wissenschaftlichen Debatte haben die Nordthüringer Urmenschen längst ihren Platz als Homo erectus bilzingslebensis. Ihre Zeugnisse aus grauer Vorzeit gehören mit zu den ältesten Spuren der menschlichen Zivilisation im Herzen Europas. Die natürliche Umwelt der gedrungenen Menschen mit aufrechtem Gang waren nach Ansicht der Forscher lichte Wälder. Dort lebten Waldelefanten ebenso wie verschiedene Arten von Nashörnern, Rot- und Damhirsche, Höhlenlöwen, Auerochsen, Bären und Bisons. Daneben gab es Niederwild wie den Biber und mehrere Fischarten. Die Jagdbeute war wichtig für die Ernährung, während aus Knochen und Geweihen vor allem des Großwilds Werkzeuge wie Spitzen, Meißel, Knochenschaber oder Hacken wurden.

Die damit verbundenen Fertigkeiten widerlegen anschaulich das gängige Bild von einfältigen und tumben Urmenschen. Denn wer erfolgreich jagen wollte, musste dazu nicht nur körperlich, sondern auch geistig in der Lage sein und etwa das Verhalten der Herden oder den Wechsel der Jahreszeiten richtig einschätzen können. Zugleich war für die richtige Orientierung im Gelände Erinnerungsvermögen ebenso gefragt wie die Fähigkeit zum Kombinieren.

Darüber hinaus sehen Experten durch die Bilzingslebener Funde auch das Bild vom Zusammenleben der Urmenschen in wilden Horden widerlegt. Stattdessen lässt die Fundstelle mit einem gepflasterten Platz als Mittelpunkt eine klare Gliederung nach Wohn- und Arbeitsbereichen erkennen. Während die Männer auf die Jagd gingen, bewachten Mütter, Kinder, Alte und Kranke die Hütten und sorgten dafür, dass das Feuer nicht erlosch. Ähnlich dürfte wohl auch der Alltag bei den Urmenschen von Ehringsdorf bei Weimar ausgesehen haben. Die dort gefundenen Menschenreste werden auf ein Alter von etwa 200 000 Jahren geschätzt.

7000 Jahre Kulturlandschaft

Zur Kulturlandschaft im engeren Sinne, also mit kultivierten Böden für Ackerbau und Viehzucht sowie mit ersten Dörfern, wurde das Thüringer Gebiet vor rund 7000 Jahren. Die Menschen siedelten hauptsächlich in dem weiten Becken vom südlichen Harzvorland bis zum Thüringer Wald sowie im heutigen Altenburger Land in Ostthüringen. Wälder wurden gerodet und Felder angelegt, auf denen Emmer und Einkorn ebenso wuchsen wie Erbsen, Linsen und Lein. Das Weideland bevölkerten anfangs Schafe, Ziegen, Rinder und Schweine. Später kamen Pferde hinzu.

Inzwischen wölbt sich eine aufwendige Schutzhalle über der prähistorischen Fundstätte in Bilzingsleben.

Seit diesen Anfängen in der Jungsteinzeit prägte ständiger Wandel das Gebiet, auf dem von jeher die großen europäischen Handelsstraßen für einen regen Austausch zwischen den Regionen und ihren Kulturen sorgten. In der Bronzezeit ab etwa 1800 v. Chr. erleichterten neue Werkzeuge aus Metall die Feldarbeit. Die

Die Reste einer einstigen keltischen Befestigungsanlage: Steinsburg bei Römhild.

Rohstoffe dafür lieferten Kupfererz vom Nordrand des Schiefergebirges und zinnhaltige Flusssande von der Weißen Elster in Ostthüringen. Zu den Neuerungen der nach-

folgenden Eisenzeit zwischen 800 v. Chr. und der Zeitenwende gehörten nicht nur die eisernen Scharpflüge, die die Kelten aus Süddeutschland nach Thüringen brachten. In dieser Zeit wurden auch wichtige Handelswege mit Höhenburgen gesichert – wie etwa durch die keltische Steinsburg auf dem Kleinen Gleichberg bei Römhild in Südthüringen, deren Reste heute das größte Bodendenkmal im Freistaat bilden.

Das frühe »Thoringia«

Während der Römerzeit drangen aus dem mittleren Gebiet der Elbe die sogenannten Hermunduren bis an den Thüringer Wald vor, durchmischten sich mit der einheimischen Bevölkerung und besiedelten das Mittelgebirges bis zu einer Höhe von 300 Metern. Als Verbündete der Römer brachten sie zudem so manche Innovation aus dem Süden in das Land der Mitte: Fortan zogen Ochsen die schweren Eisenpflüge über die Felder, deren Böden sich bei regelmäßigen Brachzeiten erholen konnten. Auf den Weiden erleichterten eiserne Sensen die Grasmahd.

In den ersten fünf Jahrhunderten nach der Zeitenwende schließlich kamen mit der Völkerwanderung weitere Nordgermanen hinzu. Sie fanden sich mit den Hermunduren zwischen der Unstrut im Norden, der mittleren Saale und dem heutigen Ostthüringen sowie dem südlichen Thüringer Becken von Gotha über Arnstadt und Erfurt bis nach Weimar als »Thoringi« zusammen. Zeitweise reichte die Thüringer Herrschaft über das eigentliche Kerngebiet hinaus: im Norden bis in die Altmark und die Gegend um Braunschweig und im Süden über den oberen Main bis vor die Donau bei Regensburg. Dieses frühe und strategisch bedeutsame Königreich »Thoringia« war den anderen jungen Stammesreichen der Franken, Goten, Bayern, Burgunder und Sachsen durchaus ebenbürtig. Doch das sollte sich bald ändern.

Die entführte Königstochter

Radegunde trauert bei den Franken um das verlorene Reich

Das Mittelalter begann im frühen Thüringen mit einem militärischen Paukenschlag. Zunächst konnten sich die »Thoringi« nach dem Untergang des Weströmischen Reiches als Verbündete des Ostgotenkönigs Theoderich durchaus sicher fühlen. Doch nach dessen Tod im Jahr 526 war es damit vorbei. Das Königreich der Thüringer weckte zunehmend Begehrlichkeiten bei den fränkischen Nachbarn, die ihren Herrschaftsbereich schon seit dem Ende Roms kontinuierlich erweitert hatten. Zwar konnten die Franken bei einem ersten Waffengang im Jahr 529 noch zurückgeschlagen werden. Doch zwei Jahre später bereiteten sie Thüringen, das damals vom heutigen Bayern bis nach Niedersachsen reichte, eine vernichtende Niederlage.

Wo 531 die entscheidende Schlacht gegen den Thüringerkönig Herminafrid geschlagen wurde, weiß bis heute niemand so genau. Die beiden überlieferten Ortsnamen, »Scithingi« und »Runibergun«, werden als Burgscheidungen an der Unstrut im heutigen Sachsen-Anhalt und als die Runneburg in Weißensee bei Sömmerda gedeutet. Aber belegen lässt sich weder der eine noch der andere Ort.

Ohne Ergebnis ist bisher auch die Suche nach dem einstigen Thüringer Königshort geblieben. Sicher hingegen ist die Tatsache, dass das Königreich im 6. Jahrhundert von der europäischen Landkarte verschwand – und dies weitgehend spurlos. Immerhin lässt sich aus archäologischen Funden wie Schmuck oder Grabbeigaben ein gewisser Wohlstand der Bevölkerung ableiten, die im Übrigen wohl auch kunsthandwerklich recht begabt gewesen sein muss. Aber während die Thüringer trotz fränkischer Verwaltung in ihrem Alltag wahrscheinlich nahezu selbstständig blieben, war ihr Land mehrfach Schauplatz blutiger Auseinandersetzungen zwischen den Franken und den benachbarten Sachsen, die gegen die Abgabepflicht aufbegehrten.

Kriegsgefangene und Nonne

Mit dem Untergang der »Thoringi« beginnt die schriftlich überlieferte Landesgeschichte – wenn auch nur mit wenigen bis heute erhaltenen Aufzeichnungen. Eindrucksvoll erhebt sich aus dem fernen Dunkel das Schicksal der Thüringer Königstochter Radegunde. Ihr Leben zwischen adliger Herkunft und asketischer Abkehr nimmt als Zeugnis von Mitmenschlichkeit und Nächstenliebe das Charisma der späteren Thüringer Landgräfin Elisabeth um ein halbes Jahrtausend vorweg. Doch anders als die weithin populäre Heilige aus Thüringen blieb Radegunde vergleichsweise unbekannt – zumindest in ihrer Heimat.

Sie war die Tochter von König Berthachar, den sein Bruder Herminafrid im Kampf um die Alleinherrschaft 531 ermorden ließ. Im Alter von etwa elf Jahren verschleppte sie der merowingische Frankenkönig Chlothar I. in sein Reich. Er führte die Prinzessin »bei seiner Rückkehr als Gefangene mit sich und nahm sie zur

Eine unglückliche Braut: Die thüringische Königstochter Radegunde musste Frankenkönig Chlothar I. heiraten. Darstellung aus einer Buchmalerei des 11. Jahrhunderts.

Als Geisel verschleppt, zu einer Heirat gezwungen, findet Radegunde erst im Kloster Erfüllung: Darstellung ihres Rückzugs nach Poitiers.

Frau«, berichtet ein zeitgenössischer Chronist. Die Hochzeit um das Jahr 540 sollte die Herrschaft Chlothars über Thüringen gleichsam nachträglich legitimieren. Aber die Ehe mit seiner dritten Gemahlin hielt nicht lange. Den Grund dafür nennt eine mittelalterliche Chronik: Der König habe ihren Bruder »später ungerechterweise durch schändliche Menschen töten« lassen. Daraufhin – so die Überlieferung – wandte sich die junge fränkische Königin »zu Gott, legte das weltliche Gewand ab und baute sich ein Kloster in der Stadt Poitiers«. Zuvor hatte sie schon auf einem königlichen Landgut in Saix eine freie Frauengemeinschaft zur Pflege von Kranken und Notleidenden gegründet.

Ein Unglück sei »unter göttlicher Vorsehung« für sie »zum Segen« geworden, kommentiert der Chronist die damaligen Vorgänge zwischen den Jahren 550 und 555. Radegunde berichtet, sie habe stets »an das Wohl anderer Frauen gedacht«, damit »unter Gottes Zustimmung meine guten Absichten auch anderen nützlich sein könnten«. Das Kloster in Poitiers habe der »durchlauchtigste Herr König Chlothar« genehmigt, finanziert und »reich beschenkt«. Sie selbst als Nonne trug anstelle königlicher Kleidung »ein milchfarbenes Gewand, das Kleid einer Magd«. Bevor sie in der Frühe zum Gottesdienst ging, war sie »als Erste aufgestanden, um Psalmen zu singen, noch bevor die Gemeinschaft aufstand«.

Im Klosteralltag gefiel sie sich nach zeitgenössischen Berichten als einfache Schwester, die »ihre eigenen Dienerinnen« bediente, indem sie »Straßen und Winkel des Klosters kehrte, alles, was schmutzig war, reinigte und nicht davor zurückschreckte, Lasten nach draußen zu tragen, die andere nur mit Schrecken sahen«. Sie hielt die Latrinen sauber oder holte Holz, damit das Feuer nicht ausging. Nachts putzte sie die

Schuhe der schlafenden Glaubensschwestern, und in der Küche kümmerte sie sich um den Abwasch ebenso wie um den Abfall.

Gleichzeitig waren in der hochgebildeten Frau, die 587 im Alter von fast 70 Jahren starb, immer das traumatisierende Erlebnis ihrer Verschleppung und die Erinnerung an ihre Heimat lebendig geblieben. In dem Briefgedicht *Vom Untergang des Thüringer Königreiches* beklagt sie den Verlust von Verwandten und der nun so fernen Landschaft ihrer Herkunft. Thüringen indes hat seine letzte Prinzessin aus weit zurückliegenden Tagen anscheinend gründlich vergessen. Die Reste einer Radegunde-Kapelle in Mühlberg bei Gotha kennen nur wenige. In Frankreich dagegen sind der Klostergründerin aus Thüringen rund 150 Kirchen und Kapellen gewidmet. Und im deutsch-französischen Krieg von 1870/71 wie im Ersten Weltkrieg hat mancher Franzose zum Schutz vor den Deutschen in ihrem Namen ein Stoßgebet gen Himmel gerichtet.

Nächstenliebe und Askese

Radegunde lebte ein Leben der radikalen Nächstenliebe und Askese. So sorgte sie sich um Kranke, indem sie ihnen Essen und heiße Getränke brachte, ihnen das Gesicht wusch oder ihnen einfach nur durch Besuchen und Zuhören Aufmerksamkeit schenkte. Bei alledem hielt sie sich nicht nur an die Klosterregel mit strikter Absonderung von anderen und absolutem Verzicht auf persönliches Eigentum sowie mit der Verpflichtung zu Handarbeit mit Spinnen und Weben oder täglich zwei Stunden Lektüre. Radegunde ergänzte die strengen Vorgaben aus freien Stücken um eine drastische Askese: zum Essen keine Gewürze und keinen Wein; zum Fasten nur trocken Brot und wenig Wasser; zum Schlafen im Büßergewand ein Bett aus Asche.

Dazu kamen schwere Kasteiungen mit Eisenringen um Hals und Arme. Ein Christusmonogramm brannte sie sich mit rot glühender Klinge ins eigene Fleisch. »Bald schon begann ihre Lebensführung in Demut, Liebe, Reinheit und Fasten zu glühen«, resümiert ein Chronist das Leben der Radegunde: »In ganzer Liebe übergab sie sich dem himmlischen Bräutigam.«

Mit Elisabeth auf der Wartburg

Die Landgrafen führen das Land zur ersten Blüte

Die Zukunft der ungarischen Königstochter Elisabeth als Thüringer Landgräfin stand buchstäblich in den Sternen – zumindest der Sage nach. Der Magier und Hellseher Klingsor soll seine Prophezeiung auf dem legendären »Sängerkrieg« von 1207 kundgetan haben, zu dem Landgraf Hermann I. die besten »Songwriter« seiner Zeit auf der Wartburg versammelt hatte. Klingsor überraschte nach einem Blick in den Abendhimmel über der Burg das Bardentreffen mit der Ankündigung, dem König von Ungarn werde »in dieser Nacht« eine Tochter Elisabeth geboren, die dereinst »des Landgrafen Sohn« heirate. Für den ungarischen Zau-

bermeister stand außer Frage, dass »ganz Thüringen« ihre Tugend preisen werde.

Die tatsächlichen Hintergründe für die Königshochzeit indes waren wohl eher prosaischer Natur. In damaligen Thüringen gab es zwar viele kleinere Herrschaften, aber keine mit einer herausgehobenen Vormachtstellung. Diese Rolle fiel erst im 11. Jahrhundert an die Ludowinger. Sie stammten aus dem Fränkischen und gründeten 1085 in Reinhardsbrunn bei Gotha ihr Hauskloster. Schon vorher hatte Ludwig der Springer vermutlich um 1067 die Wartburg zum Hauptsitz gemacht. Damit kontrollierten die Ludowinger fortan die alte europäische Handelsstraße *Via regia*, was ihre

So stellte sich Moritz von Schwind im 19. Jahrhundert den »Sängerkrieg auf der Wartburg« vor (aus dem Freskenzyklus auf der Burg).

Ein weiteres Schwind-Fresko stellt die Gründung der Wartburg dar.

Minnesang und volle Becher

Zu dieser Zeit stand der Thüringer Landgrafenhof in voller Blüte. Sein Ruf als geistiges und kulturelles Zentrum reichte längst weit über seine Grenzen hinaus. Landgraf Hermann, der 1217 verstorbene Vater von Elisabeths späterem Mann Ludwig IV., förderte Autoren wie Herbort von Fritzlar oder Albrecht von Halberstadt und holte sich immer wieder Dichter und Minnesänger aus allen Teilen Europas an den Hof. Wer Rang und Namen hatte und etwas auf sich hielt, folgte dieser Einladung und kam zur Wartburg, allen voran Walther von der Vogelweide, Heinrich von Veldeke und Wolfram von Eschenbach. Ihre Texte beschreiben die Pracht am Landgrafenhof, an dessen Tafeln selten der gute Wein im Becher fehlt, und würdigen die »Milde« des freigebigen Landesherrn. Mitunter aber klagen sie auch über die lauten Ritter in seiner Umgebung und Gesindel, das durch »elendes Gebettel« auffällt. Walther von der Vogelweide begrüßt sie in einem Lied alle gleichermaßen: »Guten Tag, Böse und Gute.«

Machtposition stärkte und ihnen schließlich 1131 zur Landgrafenwürde verhalf.

Doch als Herrschaft in der Mitte brauchten die Landgrafen starke Verbündete, zumal sie von der Krone so weit wie möglich unabhängig sein wollten. Das ungarische Königshaus war in dieser Frage ein willkommener Partner – und die Hochzeitsdiplomatie des Hochadels schon damals ein probates Mittel, um strategische Allianzen zu schmieden. Die Heirat Elisabeths mit dem Eisenacher Landgrafen sollte beiden Adelshäusern Einfluss und Ansehen vom Thüringer Wald bis zum heutigen nördlichen Kroatien sichern. Erste Absprachen dazu gab es wohl schon bald nach Elisabeths Geburt, sodass sie bereits als Vierjährige nach Thüringen kam – »in Gold, Silber und Seide gewickelt und in einer silbernen Wiege liegend«, wie der zeitgenössische Chronist Dietmar von Apolda festhielt.

Im Alltag waren die Landgrafen gleichsam als Stellvertreter des Königs zuständig für die Gerichtsbarkeit und den Landfrieden, den zu bewahren auf dem zersplitterten Herrschaftsgebiet zwischen der Lahn und dem sächsischen Osten nicht immer einfach gewesen sein dürfte. Zu repräsentativen Orten ausgebaut wurden neben der Wartburg vor allem die Runneburg in Weißensee, die Creuzburg bei Eisenach und die Neuenburg bei Freyburg an der Unstrut im heutigen Sachsen-Anhalt. Darüber hinaus nutzten die Ludowinger gezielt Städte und Klöster, um ihre herausgehobene Stellung zu behaupten und zu festigen.

Radikale Aussteigerin

In diesem mittelalterlichen Gemeinwesen wurde die 14-jährige Elisabeth 1221 durch die Hochzeit mit dem sieben Jahre älteren Landgrafen Ludwig IV. zur gleichberechtigten Mitregentin. Mittelalterliche Darstellungen zur Landgräfin sind im Turm der Erfurter Nikolaikirche erhalten, deren Kirchenschiff jedoch schon 1744 abgerissen wurde. Die sanierten Wandmalereien aus dem 13. Jahrhundert zeigen die Königstochter unter einer Krone bei der Brautwerbung, aber auch mittelalterliche Szenen einer Ehe – mit Hochzeitsmahl und Ehebett. Erinnert wird zudem an den Aufbruch des Landgrafen zum Kreuzzug der Deutschritter im Jahr 1227, von dem er nicht zurückkehren sollte.

Ob es in dem Kirchturm einst neben den erhaltenen noch andere Malereien zu Elisabeth gab, lässt sich nicht mehr rekonstruieren. Doch die andere Seite der Landgräfin, ihr Leben als radikale Aussteigerin und ihre aufopferungsvolle Hingabe an Bedürftige, ist ohnehin durch eine Fülle von Zeugnissen ausführlich dokumentiert. Sie zeichnen das Bild von einer starken Frau, die sich entgegen allen Erwartungen keineswegs auf das repräsentative Leben einer Fürstin beschränkte.

In ihrem beispiellosen Einsatz für Arme fühlte sie sich besonders von religiösen Motiven und von ihrem großen Vorbild, Franziskus von Assisi, getrieben. Ihr fanatischer Beichtvater Konrad von Marburg hat sie in dieser Haltung nachdrücklich bestärkt – und hatte dabei leichtes Spiel. Denn ein ausgeprägtes Gespür für alles Religiöse hatten die Thüringer Hofdamen bei Elisabeth schon im zarten Kindesalter bemerkt. Häufig soll sie unvermittelt vom Spielen weg in die Kirche gerannt sein, wo sie die Aura des geweihten Raumes auf sich wirken ließ. Später kam angeblich ein ausgeprägter Gebetseifer hinzu.

Als Landgräfin lernte sie Eisenach nicht nur als aufstrebende Stadt des Mittelalters aus nächster Nähe kennen, sondern konnte sich auch ein anschauliches Bild von den damit verbundenen sozialen Verwerfungen machen. Im wichtigsten Ort des damaligen Thüringen am Schnittpunkt bedeutender Handelswege gab es neben gut gestellten Bediensteten des Hofes sowie selbstbewussten Kaufleuten und Fernhändlern immer auch eine gefährdete Armutsund Unterschicht. Ihr Auskommen als Bauern, kleine Handwerker oder Tagelöhner war von konjunkturellen Schwankungen ebenso bedroht wie von Wechselfällen des Klimas, das auf den Feldern die Ernte vernichten konnte.

So ließ Elisabeth in der großen Hungersnot von 1226 die fürstlichen Kornspeicher für die Menschen in der Stadt öffnen, und unterhalb der Burg richtete sie ein Spital für Arme, Kranke und Kinder ein. Nach der Geburt ihrer Kinder gab sie ihre Kleidung an arme Frauen weiter. Für Bedürftige spann sie Wolle und nähte Totenhemden, arme Wöchnerinnen versorgte sie mit dem Notwendigsten. Kranken spendete sie Almosen und Medikamente, am Gründonnerstag wusch sie Armen und Aussätzigen die Füße. Auch im nahe gelegenen Gotha ließ sie ein Spital für bedürftige Menschen einrichten.

Während Ludwig IV. das soziale Engagement seiner Gemahlin stets tolerierte, ging der Hof zu ihr zusehends auf Distanz. So wurde es nach dem plötzlichen Kreuzfahrertod des Landgrafen am 11. September 1227 für sie auf der Wartburg immer einsamer. Zum Zeichen des unverhofften Todes im

Psalter des Landgrafen Hermann I. und seiner Frau Sophia; oben die Bildnisse des Herrscherpaares.

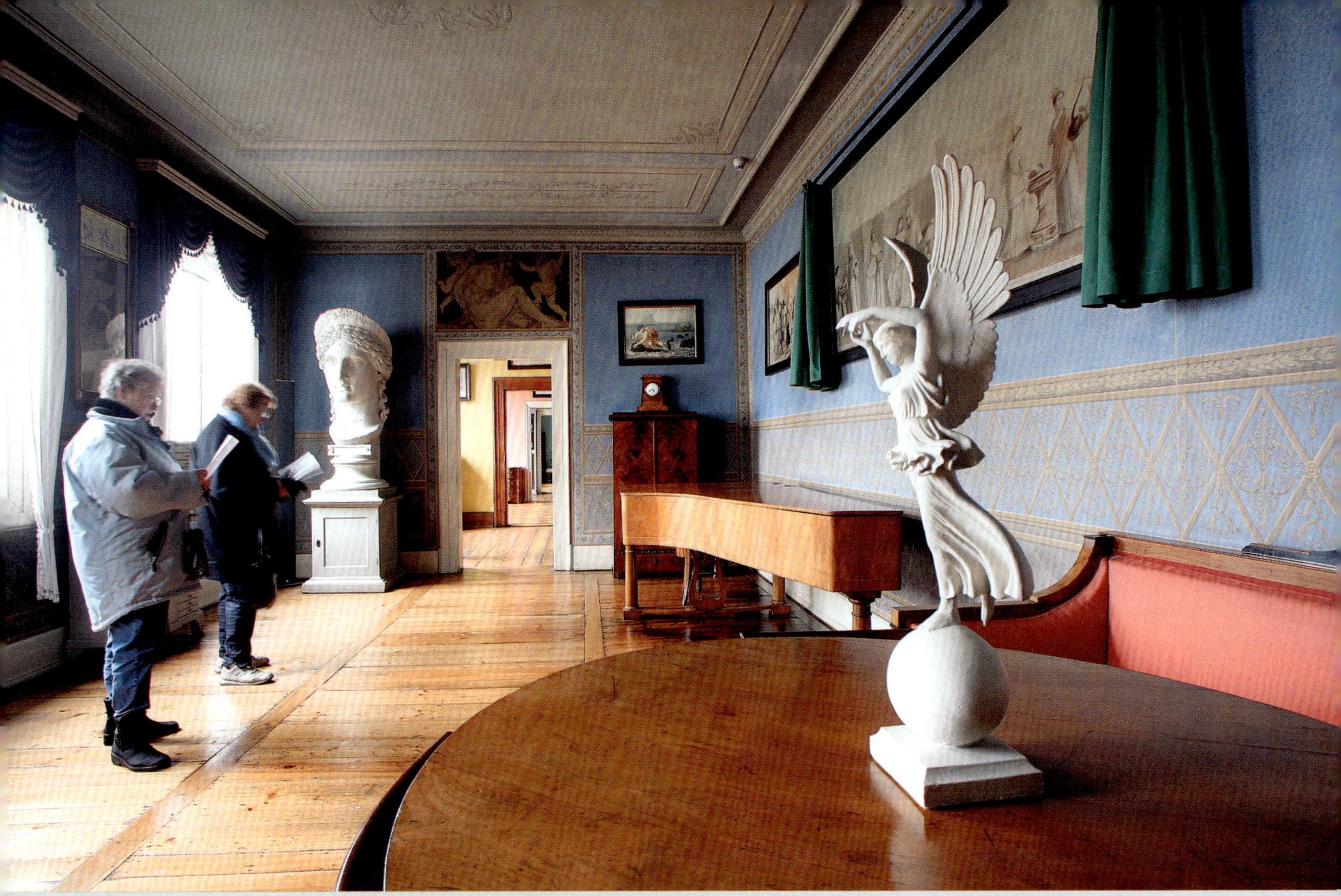

Land der histori-schen Stätten

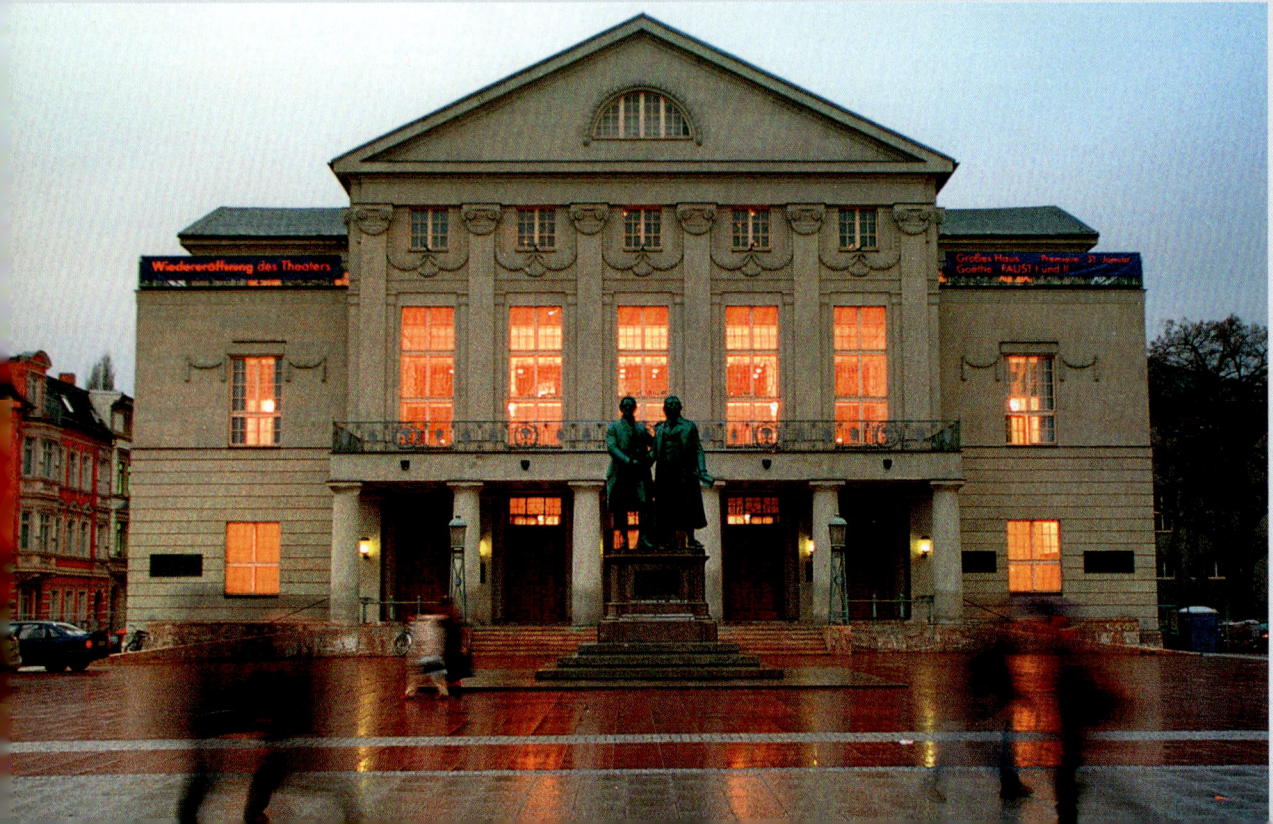

Im Goethehaus am
Frauenplan in **Wei-
mar** (links oben). Das
**Weimarer National-
theater,** vor dem das
Goethe-Schiller-Denk-
mal steht, war auch
Ort der Versammlun-
gen der Verfassungge-
benden Nationalver-
sammlung 1919 (links).
Die Wartburg in
Eisenach erinnert
»überkonfessionell«
sowohl an die heilige
Elisabeth als auch an
Luther (rechts oben:
die Elisabeth-
kemenate).
An dunkle Zeiten
deutscher Geschichte
gemahnt die Gedenk-
stätte im ehemaligen
KZ Buchenwald
(rechts).

fernen Italien, berichtet eine fromme Legende, sei der bräunliche Achat aus dem Ring gesprungen, den Ludwig ihr beim Abschied überreicht hatte. Als sie erneut standesgemäß verheiratet werden sollte, drohte Elisabeth, sich zu verstümmeln und sich die Nase abzuschneiden.

Ein Jahr später sagte sie sich in einer Eisenacher Kirche öffentlich von der Familie und allen irdischen Gütern los. Damit war der Bruch mit dem Thüringer Hof endgültig. Sie verließ Eisenach und ging nach Marburg, wo sie ihr 1228 gegründetes Spital bis zur Selbstaufgabe und ohne Rücksicht auf die eigene Gesundheit leitete. Nach ihrem Tod 1231 im Alter von nur 24 Jahren wurde ihr Marburger Grab für zahllose Pilger zur letzten Hoffnung auf ein heilsames Wunder.

Schon 1235 wurde die einstige Landgräfin heiliggesprochen. Die kirchlichen Akten für die Heiligsprechung enthalten 700 Zeugenaussagen mit mehr als 160 Beispielen für Wunderheilungen. Auch um das Leben Elisabeths sollten sich bald zahlreiche Legenden ranken. Eine dieser Darstellungen berichtet von einem Engel, der ihr ein Kleid bringt. An anderer Stelle ist davon die Rede, dass sie die Seele ihrer Mutter aus dem Fegefeuer befreit haben soll. Überaus populär ist die Legende vom »Rosenwunder«, nach der sich Speisen in Blumen verwandelten, als Elisabeth auf dem unerlaubten Weg von der Wartburg zu den Armen in der Stadt von Hofbeamten kontrolliert wurde.

Das Ende der Landgrafenherrschaft

Die Geschichte der Ludowinger in Thüringen endete mit dem Tod von Landgraf Heinrich Raspe IV. am 16. Februar 1247, der trotz dreier Ehen kinderlos geblieben war. Dass er die Landgrafschaft schon 1243 den Wettinern zugesichert hatte, konnte mehrjährige Auseinandersetzungen zwischen Nachfahren der heiligen Elisabeth und dem wettinischen Markgrafen von Meißen nicht verhindern. Gleichwohl fielen die ludowingischen Gebiete östlich der Werra schließlich 1264 an die Wettiner. Westlich davon etablierte sich die Landgrafschaft Hessen unter Heinrich I. (1244 bis 1308) – einem Sohn von Elisabeths zweiter Tochter, Sophie von Brabant.

Der Markgraf von Meißen, Heinrich III. der Erlauchte (ca. 1215 bis 1288), hatte indes bereits am Todestag von Heinrich Raspe IV. zum ersten Mal eine Urkunde als Thüringer Landgraf gesiegelt.

Knapp 250 Jahre später vereinbarten die Wettiner-Erben Ernst und Albrecht mit der »Leipziger Teilung« von 1485 die Aufteilung ihrer Ländereien. Kerngebiet der westlichen Hälfte war das mit der Kurwürde verbundene und nunmehr ernestinische Herzogtum Sachsen-Wittenberg mit großen Teilen Thüringens. Sie sollten bald zum Ausgangspunkt für Veränderungen von welthistorischer Bedeutung werden.

Zu den ältesten Darstellungen der Elisabeth-Legende zählen die gotischen Wandmalereien im Nikolaiturm in Erfurt – hier sieht man, wie sie gerade sachgerecht restauriert werden.

Kernland der Reformation

Protestantisches Musterbeispiel in der Mitte Deutschlands

Die Geschichte begann auf einem Acker bei Erfurt. Auf dem Rückweg von einem Besuch bei den Eltern in Mansfeld geriet Martin Luther in der Nähe von Stotternheim in ein schweres Gewitter – und in Todesangst. »Hilf du, Sankt Anna, ich will ein Mönch werden!«, soll der 22-jährige Magister in verzweifelter Situation ausgerufen haben.

Obwohl er Jahre später eingestand, sein damaliger Entschluss sei »ein gezwungen und gedrungen Gelübde« gewesen, hielt er sich daran. Zwei Wochen nach dem geschichtsträchtigen Ereignis vom 2. Juli 1505 gab er für seine Freunde in Erfurt ein festliches Abschiedsessen, bevor er am 17. Juli an die Pforte des Augustinerklosters klopfte. Sein Vater reagierte verschnupft und wollte »gar toll werden«. Dass der Sohn mit dem soeben erlangten Magisterexamen eine angesehene bürgerliche Karriere als Jurist ausschlug und ins Kloster ging, habe Hans Luther »nicht von freiem und fröhlichem Herzen« gebilligt, befand der Reformator 1544 rückblickend in einer Predigt.

In der Erfurter Gemeinschaft der Augustinerchorherren, die schon seit 1276 in der Stadt waren und als durchaus reformfreudig galten, lebten damals etwa 60 Glaubensbrüder. In diesem Umfeld erwarb der junge Luther bis 1511 das geistige Rüstzeug für die Kirchenreform, die schließlich die Christenheit anhaltend in Protestanten und Katholiken spalten sollte. Seine zentrale Frage zum christlichen Glauben, der damals ganz selbstverständlich zum Alltag gehörte und die geistige Welt des Spätmittelalters prägte, war das Ringen um einen »gnädigen Gott«: Wie findet der Mensch am Ende seiner Tage Gnade vor dem Herrn aller Dinge? Dem Magister wollte auch als Augustinermönch nicht einleuchten, dass das Seelenheil nach dem Tod von zuvor erbrachten materiellen Leistungen abhängig sein soll. Deshalb entzündeten sich 1517 seine Thesen vor allem am Ablasshandel – also an der Praxis, sich durch Zahlung eines Geldbetrages an die Kirche vermeintlich von Sündenstrafen loszukaufen. Sie war damals weit verbreitet und wurde gerade sehr forciert, weil die Kirche dringend Geld brauchte – für die neue Papstkirche in Rom.

Die Reformation begann im Kloster: Bei den kritisch eingestellten Mönchen im Augustinerchorherrenstift von Erfurt erhielt Luther sein theologisches Rüstzeug.

Life of Martin Luther and the Heroes of the Reformation!

Helden der Reformation: Im Zentrum dieses Druckes aus dem 19. Jahrhundert steht Martin Luther, wie er die Exkommunikationsbulle des Papstes verbrennt.

Predigttouren durch das Land

Aus der anfänglichen Kritik formte Luther seine neue Theologie mit dem Menschen im Mittelpunkt: Der Wert des Einzelnen ergibt sich nicht aus Leistungen irgendwelcher Art, sondern jedes Individuum ist ein »Wert an sich« und als solcher von Gott angenommen und geliebt. Der Reformator war nicht nur der klar denkende Theoretiker, sondern auch ein leidenschaftlicher Prediger. Mit seinen Predigttouren zwischen Eisenach und Altenburg machten er und seine Mitstreiter Thüringen im damaligen Kurfürstentum Sachsen zwischen Coburg und Wittenberg zum Kernland der Reformation.

Wiederholt besuchte er Erfurt, das »am besten Ort« stehe und »eine Schmalzgrube« sei. Gegen die Universität von 1392, in deren Matrikel sich der 17-jährige Bergmannssohn 1501 als »Martinus luder de mansfeldt« eingeschrieben hatte, müssten alle anderen »als eine Schützenschule angesehen« werden. Von Eisenach, dem Ort seiner Schulzeit ab 1498, sprach er drei Jahrzehnte später als »meiner lieben Stadt«. In Jena, Kahla und Orlamünde predigte er gegen eine radikalere Richtung der Reformation um Andreas von Karlstadt, die unter

Der berühmteste Tintenklecks der Welt: eine Erfindung

Mit Luthers Wartburg-Aufenthalt aufs Hartnäckigste verbunden ist die Legende vom Tintenfass, das Luther dereinst in seiner Studierstube nach dem Teufel geschleudert haben soll. Selbst der Weimarer Dichterfürst Johann Wolfgang Goethe notierte nach einem seiner Besuche auf der Wartburg, »Doktor Luthers Tintenklecks« werde vom Kastellan »von Zeit zu Zeit« wieder aufgefrischt. »Die meisten Reisenden haben doch etwas Handwerksburschenartiges und sehen sich gern nach solchen Wahrzeichen um«, setzte er hinzu. Goethes letzteren Kommentar können Mitarbeiter der Burg bis heute bestätigen – wenn auch die Suche nach dem markanten Zeichen freilich ohne Ergebnis bleibt. Der entsprechende Hinweis Luthers, er habe den Teufel mit Tinte vertrieben, gilt mittlerweile längst als Metapher für seine Übersetzungsarbeit.

anderem Bilderstürmerei betrieb. Weitere Stationen waren Gotha und Weimar ebenso wie Saalfeld und Gräfenthal oder Neustadt an der Orla und Schmalkalden.

Dort besiegelten 1531 die evangelischen Landesherren zum Schutz der Reformation den Schmalkaldischen Bund – damit stand Thüringen nicht nur im Mittelpunkt des religiösen, sondern auch des politischen Geschehens rund um Luther und seine Anhänger.

Doch der Schmalkaldische Krieg endete 1547 nicht nur mit einer Niederlage des Bündnisses. Er verhinderte auch, dass die Bronzeplatte für Luthers Grab jemals ihren Bestimmungsort Wittenberg erreichte. Die Grabplatte aus einer Erfurter Gießerei wurde zunächst in Weimar aufbewahrt und ist seit 1571 in der Stadtkirche von Jena aufgestellt.

Junker Jörg auf der Wartburg

Die weltweit bekannteste Reformationsstätte in Thüringen ist zweifellos die Wartburg. Sie verdankt ihre Berühmtheit dem sächsischen Kurfürsten Friedrich dem Weisen (1463 bis 1525), der Luther am 4. Mai 1521 auf dem Rückweg

vom Reichstag in Worms in der Nähe der Burg festnehmen und in Sicherheit bringen ließ. Der Reichstag hatte den Reformator für vogelfrei erklärt, sodass der fingierte Überfall ihm das Leben rettete. »So sind mir hier meine Kleider ausgezogen und Reiterskleider angezogen worden«, schrieb er von der Wartburg an seinen Mitstreiter Georg Spalatin (1484 bis 1545): »Das Haar und den Bart lasse ich wachsen, sodass Du mich schwerlich erkennen würdest, da ich selbst mich schon längst nicht mehr kenne.«

Als »Junker Jörg« übersetzte Luther bis März 1522 das Neue Testament aus dem Urtext ins Deutsche. Die Meisterleistung, Schöpfer einer einheitlichen deutschen Schriftsprache geworden zu sein, gelang ihm in vertrauter Umgebung. Denn der Stammort seiner Familie, das Fachwerkdorf Möhra auf halbem Weg nach Bad Salzungen, ist nur wenige Kilometer entfernt. Zwar hatten Luthers Eltern den Ort vor seiner Geburt im Herbst 1483 verlassen. Doch kurz vor der Gefangennahme vier Jahrzehnte später soll der geächtete Theologieprofessor, trotz fürstlichen Verbots, dort an der Dorflinde gepredigt und Verwandte besucht haben.

Das »bessere Wittenberg«

Doch die beste Predigt bleibt ohne Effekt, wenn sie ungehört verhallt. In Thüringen indes war der Boden für die neue Lehre, die sich bald als »evangelisch« durchsetzen sollte, gut bereitet. Die Geistlichkeit in den Kirchen und Klöstern galt von jeher als offen für Reformen. Auch der fromme Kurfürst begegnete der Kirchenreform durchaus aufgeschlossen – anfangs zwar verhalten, aber ab 1521 mit zunehmender

Wo ist der Tintenklecks? – Lutherstube auf der Wartburg in Eisenach.

Das Siegel der Universität Jena zeigt deren Gründer Johann Friedrich.

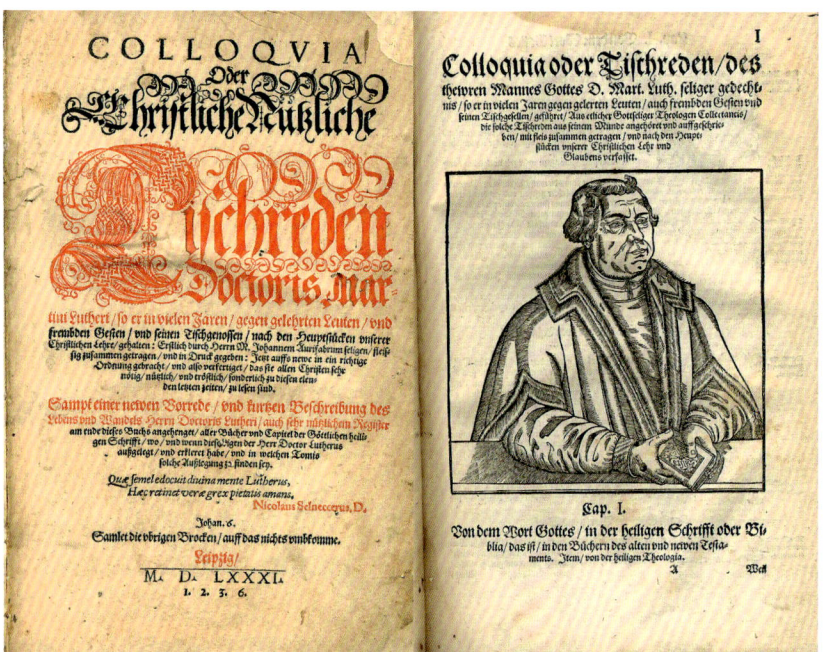

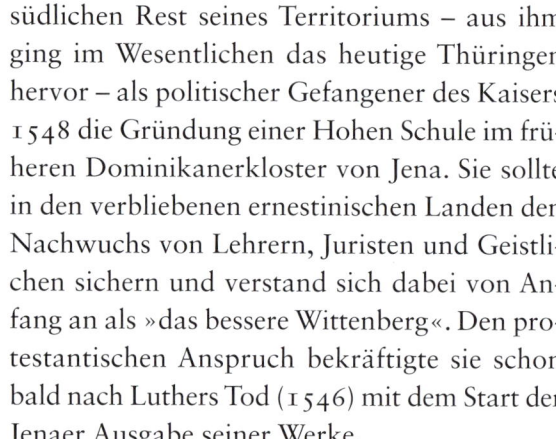

Die Erfindung des Buchdrucks durch Johannes Gutenberg und das in der Folge aufblühende Verlagswesen kam der Verbreitung des Protestantismus sehr zugute.

Sympathie. Schließlich fanden die neuen Ideen auch in den Thüringer Städten und Gemeinden ein positives Echo. Ein Übriges taten das junge Druck- und Verlagsgewerbe und die aufkommende Medaillenkunst: Während Flugschriften reformatorisches Gedankengut in Wort und Bild verbreiteten, wurden die führenden Köpfe auch durch Darstellungen auf Medaillen populär.

Auf akademischem Gebiet entstand mit der Jenaer Universität eine protestantische »Eliteschmiede«. Ihre Gründung war eine direkte Folge der Umbrüche seit 1517 und vor allem des Schmalkaldischen Krieges von 1547. Der protestantische Kurfürst Johann Friedrich von Sachsen (1503 bis 1554), Nachfolger von Friedrich dem Weisen, verlor damals nicht nur seine Kurwürde, sondern mit den nördlichen Landesteilen auch die erst 1502 gegründete Wittenberger Universität. Zum Ausgleich verfügte der geschlagene Kurfürst für den

südlichen Rest seines Territoriums – aus ihm ging im Wesentlichen das heutige Thüringen hervor – als politischer Gefangener des Kaisers 1548 die Gründung einer Hohen Schule im früheren Dominikanerkloster von Jena. Sie sollte in den verbliebenen ernestinischen Landen den Nachwuchs von Lehrern, Juristen und Geistlichen sichern und verstand sich dabei von Anfang an als »das bessere Wittenberg«. Den protestantischen Anspruch bekräftigte sie schon bald nach Luthers Tod (1546) mit dem Start der Jenaer Ausgabe seiner Werke.

Kurfürst Johann Friedrich residierte nach fünfjähriger Gefangenschaft ab 1552 in der damaligen Weimarer Burg Hornstein. Stadt und Fürstentum waren seit 1525 evangelisch, die Gottesdienste und das kirchliche Leben folgten streng den lutherisch-protestantischen Vorgaben. Im Gefolge des Kurfürsten war mit dem 80-jährigen Hofmaler Lucas Cranach d. Ä. der wichtigste Chronist und Illustrator der Reformationszeit. An den umtriebigen Maler, der seine Werke geschickt vermarktete, erinnern bis heute in Weimar die Cranach-Galerie im Schloss, der Reformationsaltar von 1555 in der Stadtkirche St. Peter und Paul sowie Cranachs Grab an der Jakobskirche.

Eine neue Architektur

Als Kernland der Reformation offenbart sich Thüringen auch bei einem Blick in seine Kirchen. Denn viele der historischen Kirchenräume stehen für eine neue Innenarchitektur, die auf dem evangelischen Verständnis vom Gottesdienst beruht: Nicht mehr das Messopfer steht im Mittelpunkt, sondern die Wortverkündigung der biblischen Botschaft in der Predigt. Deshalb galt für die Gestaltung des Kircheninnenraumes als wesentliche Richtschnur, »wie weit eines Menschen von mittelmäßiger Stimm führendes Wort recht klar und deutlich möge gehört und vernommen werden«. Dazu sollten Altar, Kanzel und Orgel »gar wohl in das Gesicht und Gehör gerichtet und auf das allernäheste zusammengebauet« sein.

In Thüringen geschah dies zumeist in Form von Kanzelaltären, über denen die Orgel ihren Platz fand. Der erste Thüringer Kirchenneubau nach dem neuen Schema war 1590 die Schlosskapelle der Wilhelmsburg in Schmalkalden.

Wenige Jahre später erhielt das Schloss in Weimar eine Kapelle mit der eigenartigen Bezeichnung »Weg zur Himmelsburg«. Der Name war Programm. Denn die einzigartige Architektur sollte den Übergang von der irdischen Geschäftigkeit in himmlische Gefilde und damit das religiöse Selbstverständnis der Fürsten verdeutlichen. Den fast 30 Meter hohen Raum bestimmte ein Kanzelaltar in Form eines Tempels mit palmenartigen Säulen und darüber einem Obelisken mit allegorischen Figuren. Die umlaufenden beiden Emporen sollten den Anwesenden gutes Sehen und vor allem gutes Hören ermöglichen. Für optimale Akustik bei Kirchenmusik und Konzerten hatte die Decke in 20 Metern Höhe eine große rechteckige Öffnung, um deren Balustrade sich die Musiker gruppieren konnten. Zudem konnten sich von dort oben die Klänge der Orgel gleichsam wie Engelsmusik über die Zuhörer verbreiten. Doch von der Kapelle gibt es nur noch ein Gemälde: Sie fiel dem großen Schlossbrand von 1774 zum Opfer.

Zahlreiche Dorfkirchen erhielten bei der Beseitigung von Schäden aus dem Dreißigjährigen Krieg einen neuen Innenraum. Dabei taten sich nicht selten die Landesherren als Förderer der Kirchen hervor. Herzog Friedrich II. (1676 bis 1732) von Sachsen-Gotha-Altenburg etwa ließ während seiner Regierungszeit zwischen 1691 und 1732 rund 20 neue Gotteshäuser errichten, darunter die 1723 geweihte Kirche »Zur Gotteshilfe« in Waltershausen. Die barocke Zentralkirche wurde zum Vorbild für die drei Jahre später in Dresden begonnene Frauenkirche.

Die Malerei im Dienste des neuen Glaubens: Kreuzigungsszene am Altar der Weimarer Stadtkirche, begonnen von Lucas Cranach d. Ä. und vollendet von Lucas Cranach d. J.

So sah das Innere der heute nicht mehr bestehenden Weimarer Schlosskirche um 1660 aus.

Wettiner. Nach der Reformation machte vor allem der Weimarer Herzog Bernhard als bedeutender Feldherr im Dreißigjährigen Krieg von sich reden. Er brachte nach dem Tod des Schwedenkönigs Gustav Adolf 1632 in der Schlacht bei Lützen die Kämpfe zum siegreichen Ende für die Protestanten und war gegen die Kaiserlichen auch an anderen Fronten erfolgreich. Die von ihm eroberten Teile des Elsass allerdings konnte er für das Herzogshaus nicht dauerhaft sichern.

Durch wiederholte Erbteilungen bildeten die Wettiner in der Folgezeit viele kleine Fürstentümer, die zusammen mit den reußischen, schwarzburgischen und hennebergischen Gebieten die sprichwörtliche Thüringer Kleinstaaterei begründeten. Dabei war jedes Fürstenhaus um ein jeweils ganz eigenes Profil bemüht. Für Sachsen-Gotha ging im 17. Jahrhundert Herzog Ernst der Fromme als Erneuerer des Schulwesens in die Geschichte ein. Ab 1826 verband sich das um Coburg erweiterte Herzogtum durch seine Heiratsdiplomatie geschickt mit dem internationalen Hochadel. Sachsen-Meiningen wurde um 1900 besonders durch seinen »Theaterherzog« Georg II. europaweit bekannt.

Unübertroffen sollte jedoch die Ausstrahlung von Sachsen-Weimar werden, dessen Impulse als »Herz deutscher Kultur« im 18. Jahrhundert weit über die Thüringer Provinz hinausreichten.

Neben einer neuen Kirche mit eigenen Orten für die christlichen Rituale veränderte die Reformation auch die politische Landkarte. Mit der Wittenberger Kapitulation nach dem Schmalkaldischen Krieg blieb den Ernestinern vom bisherigen Herzogtum Sachsen-Wittenberg lediglich der südliche Landesteil mit Weimar als Stammsitz der ernestinischen

Ereignis Weimar

Die kleine Residenz wird kulturelle Großmacht

Ihr Name geriet buchstäblich über Nacht in die Schlagzeilen: Mit der Nachricht über die Brandkatastrophe in der Weimarer Anna-Amalia-Bibliothek wurde deren Namensgeberin im September 2004 weltweit zum Begriff. Zwar hat die Herzogin die Bibliothek nicht gegründet. Doch sie war es, die die herzogliche Büchersammlung auch für Neugierige jenseits des Hofes öffnete. Überhaupt sei mit der Fürstin »ein ganz anderer Geist« über den Hof und die Stadt gekommen, befand Johann Wolfgang Goethe schon unmittelbar nach ihrem Tod am 10. April 1807.

Als sie nach Weimar verheiratet wurde, war sie gerade mal 16 Jahre alt. Doch der Herzog an ihrer Seite, Ernst August II. Constantin, starb nach nur zwei Ehejahren. Weil sein Thronfolger Carl August (1757 bis 1828) 1758 noch unmündig war, stand nunmehr die erst 18-jährige Witwe in der Pflicht – zumindest bis 1775. Wichtigste Aufgabe ihrer vormundschaftlichen Regentschaft war der Abbau des im wahrsten Wortsinn fürstlichen Schuldenberges. In Erinnerung geblieben ist sie jedoch vor allem als Wegbereiterin der deutschen Klassik.

Der Nachruf Goethes auf Anna Amalia ist denn auch so etwas wie die Geburtsurkunde für die Legende vom Weimarer »Musenhof«, der sich unter der jungen Fürstin für den Aufstieg zur kulturellen Großmacht rüstete: »Bedeutende Fremde von Stand, Gelehrte,

Künstler, wirkten besuchend oder bleibend. Der Gebrauch einer großen Bibliothek wurde frei gegeben, ein gutes Theater unterhalten und die neue Generation zur Ausbildung des Geistes veranlasst. Man untersuchte den Zustand der Akademie Jena.« Anfangs jedoch erlebte die 1739 in Wolfenbüttel geborene Prinzessin die Residenz als einen Ort, der seine erste Blütezeit bereits hinter sich hatte.

Die kulturelle Blüte vergangener Jahrhunderte war vor allem verbunden mit dem greisen Hofmaler Lucas Cranach d. Ä. und mit der 1617 gegründeten Sprachakademie »Fruchtbringende Gesellschaft«, aber auch mit höfischer und Kirchenmusik unter dem jungen Johann Sebastian Bach. Vor diesem Hintergrund setzte die schöngeistige und musisch ambitionierte Anna Amalia fort, was der früh verstorbene Herzog begonnen hatte. Goethe

Oben: Neben Anna Amalia war er der fürstliche Patron der »Weimarer Klassik«: Großherzog Carl August von Sachsen-Weimar.
Unten: Untrennbar mit der geistigen Blüte der deutschen Klassik verknüpft: das Schlossareal von Weimar.

Der »Weimarer Musenhof« mit Schiller, Goethe und dem Herzogspaar, Gemälde von Theobald v. Oer.

sah darin den aufgeklärten Geist weiterwirken, den sie bereits am Hof von Braunschweig-Wolfenbüttel erlebt hatte – »von Jugend auf umgeben von Geschwistern und Verwandten, denen Großheit eigen war, die kaum ein anderes Bestreben kannten als ein solches, das ruhmvoll und auch in der Zukunft bewunderungswürdig wäre«. Inmitten des Hofes und einer Vaterstadt, die sich »durch mancherlei Anstalten zur Kultur der Kunst und Wissenschaft« ausgezeichnet habe, »ward sie bald gewahr, dass auch in ihr ein solcher Keim liege«. Allerdings streiten mittlerweile Experten trefflich darüber, ob die Fürstin eigenen Intentionen folgte – oder aber eher den Interessen ihrer höfischen Umgebung, die den Wettbewerb um den geistigen Führungsanspruch unter den kleinen und politisch eher bedeutungslosen Fürstentümern für Weimar entscheiden wollte.

Wieland und Goethe kommen

Wie auch immer: Unter Anna Amalia wurde die Hofkapelle wiederbelebt und ein Liebhabertheater ins Leben gerufen. Die Fürstin musizierte und komponierte selbst. Zwischen 1761 und 1766 ließ sie das »Grüne Schlösschen« aus dem 16. Jahrhundert zur Bibliothek mit dem berühmten Rokokosaal umbauen. Als

Prinzenerzieher für die beiden Söhne berief sie 1772 den Philosophen, Dichter und Professor an der Universität Erfurt Christoph Martin Wieland (1733 bis 1813). Nach der Amtsübernahme durch Carl August 1775 etablierte sie in den legendären »Tafelrunden« mit Vorlesen, Theaterspiel und Musizieren neue Formen geistreicher Geselligkeit. Dazu lud sie Adlige und Hofleute ein, aber auch Schriftsteller, Künstler, Wissenschaftler und andere Größen. Mit vielen von ihnen pflegte sie eine rege Korrespondenz.

Gleichwohl verlor Anna Amalia unter dem jungen Regenten Carl August zusehends an Einfluss: Nach Übernahme der Amtsgeschäfte war er um eigene Akzente bemüht. Zu seinen engen Vertrauten gehörte zeitlebens der dichtende Staatsminister Goethe, den der 18-jährige Fürst noch im ersten Regierungsjahr aus Frankfurt nach Weimar geholt hatte. Der äußere Rahmen für den geistigen Aufschwung indes, mit dem die Thüringer Residenz bald weit über Deutschland hinaus ausstrahlte, war eher bescheiden. Nach dem großen Schlossbrand von 1774 lag die alte Wilhelmsburg weitgehend in Trümmern – und damit eine geschichtliche Stätte von erheblichem Identifikationswert für das kleine Herzogtum und seine Dynastie. An einen kurzfristigen Wiederaufbau war nicht zu denken, sodass sich das höfische Leben zwangsläufig auf verschiedene Orte verteilte. Das nahm der Etikette bei Hofe etwas von ihrer Steifheit und beförderte vergleichsweise lockere und unkonventionelle Umgangsformen. Goethe bekannte später sogar, die »gräulichen Ruinen« des Schlosses hätten ihn erst recht zu neuem Tatendrang beflügelt.

Er war der unangefochtene Mittelpunkt jener Epoche, die als Weimarer Klassik in die europäische Geistesgeschichte eingehen sollte.

Dabei wird häufig übersehen, dass Goethe stets mehr als nur der Dichter von Carl Augusts Gnaden war. Als Geheimer Legationsrat gehörte er schon bald nach seiner Ankunft

in Weimar mit Sitz und Stimme zum Geheimen Consilium, dem Beraterstab des Herzogs. Ab 1777 leitete er die Ilmenauer Bergwerkskommission und zwei Jahre darauf auch noch die Kriegs-, die Wegebau- und die Wasserkommission. Nach der Rückkehr von seiner fluchtartigen Italienreise übernahm er ab 1788 schrittweise die Verantwortung über alle wissenschaftlichen und künstlerischen Institutionen des Fürstentums. Er wurde in die Kommission zum Wiederaufbau des Schlosses berufen, der sich bis 1803 hinzog, und leitete zudem das 1791 gegründete Hoftheater. In seiner Zeit als oberster Bibliothekar von 1797 bis zu seinem Tod 1832 verdoppelten sich die

Der junge Goethe in den 1770er-Jahren – in der Zeit, als ihn Carl August gerade an seinen Hof berufen hatte. Gemälde von Georg Melchior Kraus (1737–1806).

Goethe spielt Goethe: Aufführung der »Iphigenie auf Tauris« mit dem Dichter (Mitte) in der Rolle des Orestes.

Bestände auf rund 140000 Bücher. Im Großherzogtum ab 1815 war er als Staatsminister für die »Oberaufsicht über die unmittelbaren Anstalten von Wissenschaft und Kunst in Weimar und Jena« verantwortlich.

Am Hofe des Dichterfürsten

Bei alledem blieb ihm ausreichend Zeit und Muße für ein immenses literarisches Werk, für gesellschaftliche Verpflichtungen wie für allerlei persönliche Amüsements. Einen Empfang durch den Dichterfürsten empfanden zeitgenössische Literaten als unvergleichliches Ereignis. »Göthen hab ich gesprochen, Bruder!«, schwärmte Friedrich Hölderlin gegenüber Georg Wilhelm Friedrich Hegel: »Es ist der schönste Genuss unsers Lebens, so viel Menschlichkeit zu finden bei so viel Größe. Er unterhielt mich so sanft und freundlich, dass mir recht eigentlich das Herz lachte, u. noch lacht, wenn ich daran denke.« Felix Mendelssohn Bartholdy musste dem Dichter »ein Stündchen Clavier vorspielen, von allen verschiedenen großen Componisten«. Franz Grillparzer erinnerte sich: »Schwarz gekleidet, den Ordensstern auf der Brust, gerader, beinahe steifer Haltung trat er unter uns wie ein

Audienz gebender Monarch.« Selbst Heinrich Heine zeigte sich, trotz aller skeptischer Distanz, nicht unbeeindruckt: »Sein Auge war klar und glänzend. Dieses Auge ist die einzige Merkwürdigkeit, die Weimar jetzt besitzt.«

Wie überdauert ein solcher Geist im kulturellen Gedächtnis einer eher provinziellen Thüringer Kleinstadt? Die Orte des Geschehens zwischen Frauenplan und Theater, im Park an der Ilm oder im Schloss sind seit Goethes Lebzeiten Pilgerstätten. »Lächerlich, solch ein Geniekult, lächerlich, ein Leben in Spiritus zu konservieren, lächerlich, die Bewohner einer Stadt zu Mitwirkenden eines beständigen Passionsspieles zu machen«, lästerte der legendäre »Rasende Reporter« Egon Erwin Kisch schon 1926. Und sein Zeitgenosse Hermann Bahr schrieb über die Sachwalter des geistigen Erbes im Kaiserreich: »Diese jungen Germanisten saßen im Archiv in Weimar über Goethes Schriften, Frühling kam

und ging, es ward wieder Herbst, Nietzsche sank in Geistesnacht, der alte Kaiser starb, ihm folgte der Sohn, folgte der Enkel auf den Thron, Bismarck ging, Bismarck starb, Deutschland schwoll, stark und reich und neu, dem Deutschen war enge, Volk zog aus, übers Meer, in die Welt, Deutschland wurde kühn und laut, ein neues Geschlecht wuchs auf, Krieg brach aus, aber jene saßen noch immer tagaus, tagein dort im Archiv in Weimar über Goethes Schriften.«

Gelehrtenrepublik und freie Liebe

Gleichwohl hat sich der Begriff »Weimarer Klassik« in der internationalen Geistesgeschichte als weltweit gebrauchtes Schlagwort etabliert, bei dem man allerdings nicht nur an Weimar selbst, sondern immer auch an die benachbarte Universitätsstadt Jena denkt. Zwar gab es zu keiner Zeit so etwas wie einen

Masterplan für eine Doppelstadt mit dem Hort der schönen Künste auf der einen und dem Ort der Wissenschaft auf der anderen Seite. Doch schon Goethe sprach von den »zwey Enden einer großen Stadt«, die »im schönsten Sinne geistig vereint, eins ohne das andere nicht bestehen« könne.

Dass daraus schließlich das »Ereignis Weimar« wurde, haben nicht zuletzt vielfältige günstige persönliche Konstellationen gefügt. Die Voraussetzungen dafür waren durch die Nähe von »Musenhof« und Universität denkbar gut. Friedrich Schiller rühmte die Hochschule als eine »ziemlich freie und sichere Republik, in welcher nicht leicht Unterdrückung stattfindet«. Das bedeutete für die Gelehrten in Jena ähnliche Freiräume wie für die Literaten und Künstler in Weimar. Während Goethe und Schiller die Nähe von Philosophie und Naturwissenschaften suchten, machten Jenaer Professoren wie die Mediziner Johann Friedrich Hufeland (1730 bis 1787) oder Justus Christian Loder (1753 bis 1832) in der Residenz auf ihre Projekte aufmerksam. Eins davon war das »Accouchierhaus« mit der ersten akademischen Entbindungsanstalt und einer Hebammenschule.

Wegen der ausgeprägten Freiheit zu persönlichen Kontakten unter Gleichgesinnten wurde die Jenaer »Gelehrtenrepublik« um 1800 für Studenten zunehmend attraktiv. Zahlreiche Dichter und Denker kamen in die Stadt, wo schließlich mit der Frühromantik ein Gegenentwurf zum klassischen Ideal entstand. Während nebenan Goethe an seiner Unsterblichkeit als deutscher Nationaldichter arbeitete, versuchten in der Universitätsstadt junge Dichter, Kritiker, Philosophen und Naturwissenschaftler den Aufbruch. Die Resonanz war kaum vorherzusehen, als 1796 der junge Friedrich Schlegel (1772 bis 1829) nach Jena

In klassischer Zeit einer der »jungen Wilden«: Friedrich Schlegel.

Links: Eine perfekte Ergänzung zur Kunst- und Kulturstadt Weimar stellte gerade auch zur Zeit der deutschen Klassik die Universitäts- und Wissenschaftsstadt Jena dar.

Haben die Schöngeister über die Goethe-verehrung die Weltläufte vergessen? – alte Postkarte von Goethes berühmtem idyllisch gelegenen Gartenhaus.

Sie betrieben aktuelle Literaturkritik, beschäftigten sich mit Antike und Mittelalter und machten beides als Modelle für den Zeitgeist populär. Sie schwärmten von Natur, Freundschaft und Geselligkeit und suchten darin eine neue Mitte der Welt. Sie predigten nicht nur freie Liebe und unbändige Freiheit, sondern lebten beides auch – mitunter in exzentrischer Gewandung des französischen Empire und ohne Rücksicht auf die öffentliche Meinung in der kleinbürgerlichen Stadt.

Ihre Theorien, etwa zur umfassenden »Poetisierung des Alltags«, entwickelten sie in Zirkeln und Zeitschriften wie dem *Athenäum*. »Nach meiner Ansicht und nach meinem Sprachgebrauch ist eben das romantisch, was uns einen sentimentalen Stoff in einer fantastischen Form darstellt«, formulierte Schlegel. Doch wie so oft im Leben zerbrach auch die Gemeinschaft ambitionierter Geister an persönlichen Rivalitäten und Eifersüchteleien. Immerhin aber war der Kreis um die Schlegels zwischen 1796 und 1801 zum Ausgangspunkt einer neuen Strömung geworden. Sie machte Jena – an der Seite von Weimar und doch ohne die klassischen Größen – kurzzeitig zu einem der fortschrittlichsten geistigen Zentren in Deutschland.

Napoleons Kriegsschauplatz

Doch bald wurde das »Ereignis Weimar« durch die Realpolitik empfindlich erschüttert. Als Thüringen zum Kriegsschauplatz für preußische und napoleonische Truppen wurde, blieben auch die Residenz und die

kam. »Ich werde immer mehr Fichtes Freund«, schwärmte er ein Jahr nach der Bekanntschaft mit dem Philosophen, der für ihn zum maßgeblichen Anreger werden sollte. Ähnliche Bedeutung hatte für den Theoretiker unter den Romantikern der Philosoph Friedrich Wilhelm Schelling. Darüber hinaus gesellten sich um die Brüder Friedrich und August Wilhelm Schlegel auch dessen Frau Caroline, die Dichter Friedrich von Hardenberg (Novalis) und Ludwig Tieck, der Medizinstudent Clemens von Brentano, der Physiker Wilhelm Ritter und andere.

Sie lobten Goethe und sahen in ihm sogar den wichtigsten Dichter seiner Zeit. Dagegen spotteten sie über Schiller mit beißender Satire. Es sei zwar »lehrreich und billig«, beide nebeneinander zu stellen. Doch wäre es »unbillig, jenen mit diesem als Dichter zu vergleichen«.

Universitätsstadt nicht verschont. Weil Herzog Carl August als preußischer General in den Krieg gezogen war und die Preußen mit Husaren und einem Jägerbataillon unterstützte, war das Fürstentum für die Franzosen Feindesland. So zogen denn auch nach der Doppelschlacht von Jena und Auerstedt, bei der Napoleon die preußischen Truppen am 14. Oktober 1806 vernichtend schlug, die Eroberer plündernd und brandschatzend umher. Allein in der Residenzstadt Weimar hatten sie bis Ende Oktober etwa 60 000 Mann und 20 000 Pferde einquartiert.

Die Stadt sei unter dem Schutz der Kanonen »förmlich der Plünderei preisgegeben«, schrieb Johanna Schopenhauer ihrem Sohn, dem späteren Philosophen Arthur Schopenhauer. Goethe erlitt im Haus am Frauenplan wahre Todesängste, während ihm seine Frau Christiane die Eindringlinge couragiert vom Leibe hielt. In den Jenaer Lazaretten in der Stadtkirche, der Collegienkirche und im Rathaus waren etwa 2000 Verwundete untergebracht.

Besonders groß war das Leid der Soldaten und der Zivilbevölkerung in den »Schlachtendörfern« hoch über der Saale bei Jena. Von Zeitzeugen sind eindringliche Schilderungen über die in den Dorfkirchen eingerichteten Lazarette überliefert, und immer wieder ist auch von Plünderungen die Rede. In Auerstedt seien »die aus der Schlacht kommenden Franzosen wütend ins Rittergut« eingedrungen und hätten aus dem einstigen Hauptquartier der Preußen »Wein, Pretiosa, alles Geld, alle Pferde und alles Rindvieh, sogleich alle Kleider, Wäsche jeder Art und alles, was nur einigen Wert hatte«, geraubt. In den meisten Orten auf den beiden Schlachtfeldern sei »keine Tür, keine Treppe und beinah keine Frucht mehr in einem Hause zu finden«, schrieb ein Dorflehrer.

Insgesamt standen sich an jenem Oktobertag bei Jena und Auerstedt über 200 000 Soldaten gegenüber. Die Gesamtzahl der Toten wird auf bis zu 55 000 geschätzt. Vor diesem Hintergrund finden die regelmäßigen Kriegsspiele von Traditionsvereinen mit Pulverdampf, Kanonendonner und nachgestelltem Schlachtengetümmel ein zwiespältiges Echo.

Alte Strukturen und neue Visionen

Nach Napoleon war alles anders – nur nicht in Thüringen. Während der Wiener Kongress 1815 die politische Landkarte nahezu überall veränderte, blieb Deutschlands Mitte bei ihren kleinteiligen Strukturen.

Sachsen-Weimar und Eisenach ging aus dem Alten Reich als Großherzogtum hervor, die bisherigen kurmainzischen Gebiete von Erfurt bis ins Eichsfeld kamen zu Preußen. Im Übrigen aber dominierten in Thüringen weiterhin die Kleinstaaten: Im Deutschen Bund stellten sie elf der 41 Mitglieder – mit einem Anteil von lediglich 2,4 Prozent an der Gesamtbevölkerung.

Entsprechend bissig höhnte die republikanische Opposition: »Reuß, Greiz, Schleiz, Lobenstein / jagt in ein Mausloch rein«, hieß es

Harte Realitäten überschatten die kulturelle Blüte: Napoleon und seine Soldaten in der Doppelschlacht von Jena und Auerstedt, Gemälde von Horace Vernet (1789–1863).

in einem Lied über »Das deutsche Treibjagen«. Kritiker befanden, in den kleinen Staaten sei der Einfluss des Hofes »so unmittelbar, dass ja kaum ein Kind auf der Straße spielen

Das erste Wartburgfest der deutschen Studenten im Jahr 1817 wurde vom Großherzog von Weimar toleriert. Man beachte auf diesem zeitgenössischen Holzstich das damalige Aussehen der Wartburg – Jahrzehnte vor der »Wiederherstellung« durch Fürst Carl Alexander!

kann, ohne dass es unter der unmittelbaren Aufsicht Sr. Durchlaucht geschähe«.

Doch mittlerweile urteilen selbst Historiker über diese Epoche milder als noch vor Jahren. Sie verweisen auf die Thüringer Landesverfassungen, die deutlich liberaler gewesen seien als die ihrer Nachbarn. Andernfalls wäre wohl 1817 das Treffen der Burschenschaften kaum im Weimarer Großherzogtum möglich gewesen. Und als dreißig Jahre später Hermann Alexander Berlepsch wegen der »Thüringer Zeitung« Probleme mit den preußischen Behörden in Erfurt bekam, ging er mit seinem Blatt ins benachbarte Arnstadt, das zu Schwarzburg gehörte.

Die Wirtschaft handelte, wie immer, pragmatisch: Der Thüringische Zoll- und Handelsverein überwand ab 1833 die historischen

Grenzen und erleichterte so die Zusammenarbeit mit den preußischen Gebieten und den kurhessischen Exklaven. Gleichwohl war die Vielstaaterei der wirtschaftlichen Entwicklung nicht immer förderlich. So musste zum Beispiel beim Eisenbahnbau ab 1840 mitunter zwischen Nachbarstaaten verhandelt werden, wenn wenige hundert Meter der geplanten Strecken abwechselnd über ihre Gebiete führen sollten.

Trotzdem brachte die Eisenbahn die Industrialisierung und den Tourismus gleichermaßen voran. Davon profitierten die Erholungsorte im Thüringer Wald, aber auch die Residenzstädte. Die Weimarer Nebenresidenz Eisenach war 1901 mit über 44 000 Gästen die am meisten besuchte Thüringer Stadt.

Bei der Suche nach einem neuen deutschen Selbstbewusstsein im 19. Jahrhundert sollte sich Thüringen als ein Kulturraum von besonderer Bedeutung erweisen: Die größeren Fürstenhäuser sahen in ihrer Geschichte ein Vorbild für die Kulturnation. Impulse dazu kamen auch von deutschlandweiten Sänger-, Sport- und Schützenfesten sowie vom Deutschen Nationalverein. Doch unter Bismarck und Kaiser Wilhelm nahm die Entwicklung eine gänzlich andere Richtung. Sie endete 1918 mit dem Matrosenaufstand von Kiel, der am 30. Oktober auf der »S. M. S. Thüringen« begann. Etwa 350 meuternde Matrosen und Offiziere löschten das Feuer unter den Kesseln und verhinderten so am Ende des verlorenen Krieges das sinnlose Auslaufen des Schiffes. Unter dem 9. November 1918 vermerkt das Schiffstagebuch: »Nachmittags wurde die rote Flagge gesetzt und Kriegsflagge und Wimpel eingeholt.«

Von der Demokratie in die Diktatur

Der Aufbruch aus der Monarchie endet im Zivilisationsbruch

Als Kaiser Wilhelm II. am 9. November 1918 seine Entscheidung bekanntgab, »dem Throne zu entsagen«, waren auch in Thüringen die Stunden der Residenzen gezählt. Noch am gleichen Tag fügte sich der Weimarer Großherzog Wilhelm Ernst dem Druck der Arbeiter- und Soldatenräte und dankte ab. Mehr oder weniger freiwillig folgten ihm in den nächsten Tagen die übrigen Regenten in Meiningen, Gera, Greiz, Altenburg, Gotha und Rudolstadt. Am 25. November schließlich verzichtete auch in Sondershausen Günther Victor zu Schwarzburg endgültig auf seine Herrschaft – als letzter der deutschen Fürsten überhaupt. Aus den bisherigen Kleinstaaten wurden Frei- oder Volksstaaten, deren revolutionäre Vertreter im Dezember mit den Vorbereitungen für eine künftige »Provinz Thüringen als Teil der Einheitsrepublik Deutschland« begannen.

Auf dem Papier war das schnell erledigt: Schon das Wahlgesetz vom 30. November 1918 vereinte die bisherigen Fürstentümer mit den eben noch preußischen Gebieten um Erfurt und Schmalkalden zu einem gemeinsamen Wahlkreis. Bis zur Landesgründung sollten jedoch noch anderthalb Jahre vergehen.

Bedeutsam indes wurde für Thüringen die Wahl zur »Verfassunggebenden Deutschen Nationalversammlung« aus einem anderen Grund. Denn das am 19. Januar 1919 gewählte erste demokratische Parlament in Deutschland sollte sich nicht in Berlin konstituieren, sondern in Weimar. Dort fühlten sich die Parlamentarier sicher vor den anhaltenden Unruhen, und zugleich kamen sie den üblichen süddeutschen Vorbehalten gegenüber der Reichshauptstadt entgegen. Eine »nach dem Herzen Deutschlands« verlegte Nationalversammlung würde den Einheitsgedanken und die »Zusammengehörigkeit des Reiches« stärken, befand der SPD-Politiker Friedrich Ebert. Zugleich gab er sich überzeugt, es werde »in der ganzen Welt als angenehm empfunden werden, wenn man den Geist von Weimar mit dem Aufbau des neuen Deutschen Reiches verbindet«.

FERDY HORRMEYER / WAHLPLAKAT 1919
DRUCK UND WIEDERGABE A.MOLLING & COMP. HANNOVER.

SPD-Plakat zur Wahl der Verfassunggebenden Nationalversammlung in Weimar: Wie lange würden die Menschen – in Thüringen und anderswo – noch an die Schrecken des Krieges denken?

Der »Geist von Weimar«

Damit wurde Thüringen nach der Reformation im 16. Jahrhundert und der Weimarer Klassik ein weiteres Mal zum Ausgangspunkt für politische und geistige Entwicklungen, die weit über die Region und Deutschland hinaus bedeutsam waren. Den »Geist von Weimar« als Metapher für Humanismus und Kultur strapazierten bald Politiker aller Couleur, sodass manche Zeitung die Nationalversammlung in einem »Ozean von Goethe-Zitaten« untergehen sah. Der zeitgenössische Karikaturist Thomas Theodor Heine indes zeigte auf dem aktuellen Titel für die Satire-Zeitschrift »Simplicissimus« heulende und klagende Musen, die sich beim Einzug der Politiker – kleine Teufel in Schwarz, Rot und Gold – entsetzt abwenden.

Beschwerlich, öde und langweilig?

Die Unterbringung des gesamten Parlamentsbetriebes in Weimar im Jahr 1919 erforderte einiges an Planung und logistischem Aufwand.

Regierung und Beamte zogen ins Residenzschloss, wo auch die Kabinettssitzungen stattfanden. Für die Abgeordneten gab es Privatunterkünfte zwischen 6,50 und 8,50 Mark pro Tag »einschließlich Heizung, Beleuchtung, Bedienung und Frühstück« oder aber ein Hotelzimmer.

Für die Plenarsitzungen im Deutschen Nationaltheater, das im Übrigen während der ersten Tagungswochen jeweils 40 000 Mark Miete kassierte, wurden die Parkettreihen im Zuschauerraum durch das Gestühl aus dem Berliner Reichstag ersetzt. Auf dem abgedeckten Orchestergraben fanden die Regierung, die Ländervertreter und das Präsidium der Nationalversammlung ihren Platz.

Journalisten konnten das Geschehen von den Rängen aus beobachten, für die Übermittlung ihrer Berichte standen in umgebauten Garderoben Telefone bereit. Und um die wenigen Besucherplätze im Theater sollen sich die Interessenten, so wird berichtet, »wie zu früheren Zeiten um die Billets zu einem Caruso-Abend« gerissen haben.

Alles in allem galt der Tagungsort als recht idyllisch, wenn er auch nach des Tages Arbeit kaum Möglichkeiten zu Unterhaltung und Entspannung bot. Manch einer mutmaßte denn auch, der Aufenthalt in Weimar sei mit Absicht »recht beschwerlich, öde und langweilig«, damit das Parlament zügig arbeite.

»Durch Flugpost und Eilboten«: Die Kommunikation zwischen Weimar und Berlin erforderte 1919 die Nutzung modernster verkehrstechnischer Möglichkeiten.

Gleichwohl war das nationale Großereignis für die Thüringer Provinz eine Herausforderung. Zur Vermeidung von Zwischenfällen ging ein gewaltiges Aufgebot von Sicherheitskräften in Stellung. Ab Anfang Februar 1919 galt für die Stadt ein generelles Einreiseverbot. Ausnahmen genehmigte lediglich die »Fremdenstelle Weimar« des Reichsamtes für Inneres. Für die erwarteten offiziellen Gäste suchten Zeitungen per Annonce Privatquartiere, eine frühere Töchterschule wurde zur mobilen Vermittlungsstelle mit »neuen Telephon-Klappschränken«. Tägliche Luftpost zwischen Berlin und Weimar eröffnete den regulären Inlandsflugverkehr, den gelegentlich auch Politiker nutzten.

Die Nationalversammlung begann am 11. Februar 1919 in einer tief verschneiten Klassikerstadt. Für den Schutz der 423 Parlamentarier waren auf dem Platz vor dem Theater Thüringer Landjäger und Berliner Polizei aufgezogen. Noch am Eröffnungstag wählten die Abgeordneten Friedrich Ebert zum Reichspräsidenten. Die neue Verfassung wurde nach mehrmonatigen Beratungen schließlich am 31. Juli 1919 verabschiedet. Ebert unterzeichnete sie wenig später am 11. August 1919 während seines Urlaubs im nahe gelegenen Kurort Schwarzburg. Als »Weimarer Reichsverfassung« wurde sie zum Namensgeber für die neue Republik, die untrennbar verbunden ist mit einem ungestümen politischen, geistigen und künstlerischen Aufbruch Deutschlands in die Moderne. Doch die Weimarer Republik steht auch für das Scheitern der ersten deutschen Demokratie und ihren Untergang in der Barbarei des Nationalsozialismus.

Die Rechte formiert sich

Das Erschrecken sollte später groß sein, als nach dem Zweiten Weltkrieg das ganze Ausmaß der nationalsozialistischen Verbrechen deutlich wurde. Wie anderswo in Deutschland reagierten damals auch in Thüringen die Menschen zumeist mit der üblichen Schutzbehauptung, sie hätten von alledem »nichts gewusst« – weder von Konzentrationslagern oder Zwangsarbeit noch von Judenverfolgung oder dem Mord an geistig Kranken und Behinderten. Tatsächlich aber war für die neuen nationalsozialistischen Machthaber gerade der »Schutz- und Trutzgau Thüringen«, wo sie schon lange vor Hitlers Machtergreifung mitregierten, von besonderer Bedeutung. Eine herausgehobene Rolle spielte dabei jene Stadt, in der die junge Demokratie begründet worden war.

Fünf Jahre nach Verabschiedung der Reichsverfassung trafen sich in Weimar rund 12 000 Anhänger der verbotenen NSDAP zu einer »Reichstagung« der »Nationalsozialistischen Freiheitsbewegung Großdeutschlands«. Im Juli 1926 feierte die Nazi-Partei dort mit 7000 Delegierten und Gästen den ersten Parteitag nach ihrer Wiedergründung. Gleichzeitig wurde die Hitlerjugend ins Leben gerufen. Ihr späterer »Reichsführer« Baldur von Schirach (1907 bis 1974) aus Weimar war ein Sohn des letzten großherzoglichen Theaterintendanten.

Hitler war zum Parteitag persönlich erschienen: Thüringen war damals eines der wenigen Länder, in denen er öffentlich auftreten durfte. Seine Ideologie fand dort schon frühzeitig breite Aufmerksamkeit. Die vielen Beamten und Pensionäre in der kleinbürgerlichen Provinz gefielen sich in einem konservativen bis völkischen Geist, der auch dem Nationalsozialismus durchaus aufgeschlossen begegnete.

Hitler war fast 40-mal in der Stadt – und dies keineswegs nur zu propagandistischen Auftritten. Sorgsam pflegte er persönliche Kontakte, so etwa zur Familie von Schirach, die ihn als geistvollen Plauderer wahrnahm. Der NS-Funktionär Hans Severus Ziegler, der 1936 Generalintendant des Weimarer Theaters wurde, zeigte sich noch in den 60er-Jahren beeindruckt von Hitlers Frack, der bei offiziellen Anlässen »nicht nur ›saß‹, sondern den er auch zu tragen wusste«. Symptomatisch für die enge Verbundenheit des »Führers« mit Weimar waren wiederholte Besuche beim völkischen »Literaturpapst« Adolf Bartels und im Nietzsche-Archiv bei der Schwester des Philosophen, Elisabeth Förster-Nietzsche. Ihre massiven Fälschungen im Werk Friedrich Nietzsches lieferten für den Missbrauch durch die Nationalsozialisten eine Steilvorlage.

Begeisterung für den »Führer«

Hitler residierte zumeist im Hotel »Elephant« – anfangs im historischen Traditionshaus am Markt und dann ab 1938 in seiner Suite in der Nobelherberge gleichen Namens am gleichen Ort, für die er das alte Gasthaus und benachbarte Bauten kurzerhand abreißen ließ.

Eröffnung der Nationalversammlung in Weimar mit Friedrich Ebert (1871–1925) als Redner – im Moment noch »Volkskommissar«, kurz darauf Reichspräsident.

Im gleichen Jahr wurde am neuen »Platz Adolf Hitler« der Grundstein zum monströsen »Gauforum« für die NSDAP und ihre Gliederungen gelegt: ein Gebäudekomplex mit Aufmarschplatz und einer riesigen »Halle der Volksgemeinschaft« für 15 000 Menschen. Im

Fraktion im Berliner Reichstag war. Zum Berater nahm er sich den konservativen Architekten Paul Schultze-Naumburg, der zwar für solides Bauen bekannt war, aber auch eine Schrift mit dem eindeutigen Titel »Kunst und Rasse« veröffentlicht hatte. »Mit Dr. Frick ist eben ein anderer Zug in das Volksbildungsministerium gekommen«, frohlockte schon bald die Presse über eine erste »Säuberungsaktion gegen Marxismus in Schule und Theater«. Sie galt einem Lehrer in Arnstadt, der im Unterricht Erich Maria Remarques Bestseller »Im Westen nichts Neues« behandelt hatte.

gleichen Jahr begann nahe der Stadt auch der Aufbau des Konzentrationslagers Buchenwald, das bis zum Ende des Zweiten Weltkrieges zum größten KZ im Deutschen Reich werden sollte: Bis 1945 wurden dort über 250000 Menschen aus ganz Europa inhaftiert. Allein auf dem Ettersberg fanden bis zum Kriegsende mehr als 56000 Menschen den Tod.

Hitlers Zuneigung zur Kulturstadt war alles andere als eine unerwiderte Liebe. Die vielen Fotografien von Straßen und Plätzen mit jubelnden Menschen lassen sich ebenso wenig wegdiskutieren wie die einst skandierten und aktenkundigen Rufe auf dem Marktplatz: »Lieber Führer, komm heraus/aus dem Elephantenhaus!« 1930 machten die Thüringer Wähler die Nationalsozialisten zur drittstärksten Partei im Landtag, womit die NSDAP erstmals einer deutschen Landesregierung angehörte. Innen- und Kultusminister wurde der Hitler-Intimus Wilhelm Frick (1877 bis 1946), der seit 1928 Führer der NSDAP-

Angriff auf die Moderne

Erfolglos indes blieb Frick mit seinen Versuchen, dem damals staatenlosen Hitler über eine Professur in Weimar oder aber über den Posten eines Gendarmeriekommissars im südthüringischen Hildburghausen zur deutschen Staatsbürgerschaft zu verhelfen. Dagegen erwies er sich mit seinem berüchtigten Erlass »Wider die Negerkultur für deutsches Volkstum« vom April 1930 als getreuer Vollstrecker der Nazi-Ideologie. Frick wetterte gegen die »Verseuchung deutschen Volkstums durch fremdrassige Unkultur« und forderte eine Abwehr dieser Tendenzen, »wo nötig mit polizeilichen Mitteln«. Es müsse alles dafür getan werden, »um in positivem Sinn deutsche Kunst, deutsche Kultur und deutsches Volkstum zu erhalten, zu fördern und zu stärken«, betonte er.

Wenn auch das Pamphlet kaum öffentlich wahrgenommen wurde, so hatte es durchaus Konsequenzen: Schon sieben Jahre vor der großen Feme-Aktion »Entartete Kunst« starteten die Nazis in Thüringen einen ersten Generalangriff auf die Moderne. Museumsdirektor Wilhelm Köhler in Weimar wurde bereits im November 1930 angewiesen, in den Kunstsammlungen sämtliche Arbeiten zeitgenössischer Künstler zu entfernen. »Er tut es mit bewunderungswürdigem heldenhaften Schweigen und – wenn ich so sagen darf – wie ein Weiser«, schilderte eine Assistentin ihre Empfindungen bei dieser »Diktatur der Dummheit«.

Die etwa 70 abgehängten Kunstwerke – unter anderem von Ernst Barlach, Emil Nolde, Paul Klee, Lyonel Feininger und Ernst Ludwig Kirchner – kamen vorübergehend ins Angermuseum von Erfurt, das damals als preußischer Regierungsbezirk noch nicht zu Thüringen gehörte und so von dieser Attacke gegen moderne Kunst verschont blieb.

Dagegen wurden in der Weimarer Hochschule für Baukunst unter dem neuen Direktor Schultze-Naumburg die Wandmalereien von Oskar Schlemmer übertüncht und seine Plastiken entfernt. »Von welcher Seite dieser spezielle Zug der Zeit nun entfacht wurde, ob vom Direktor Schultze, geborener Naumburg, oder von der Frickatelle des Kultusministeriums aus, entzieht sich meiner Kenntnis«, reagierte der Künstler sarkastisch in einem Brief.

»Mustergau« Thüringen

Nach den Wahlen von 1932 erhielt Thüringen die erste Nazi-Regierung überhaupt. Zielstrebig machte der ehrgeizige »Reichsstatthalter« Fritz Sauckel (1894 bis 1946) als Regierungschef das Land zu einem »Mustergau« des nationalsozialistischen Deutschland. Das Großprojekt Autobahn mit dem Hermsdorfer Kreuz sollte

auch im zentral gelegenen Thüringen die Infrastruktur verbessern. Die neuen Talsperren an der Saale dienten dem Hochwasserschutz und der Energiewirtschaft. Für strukturschwache Gegenden gab es spezielle Förderprogramme. Die Lauschaer Glasbläser erhielten Großaufträge zur Produktion von Glasaugen für Puppen und Plüschtiere. Die Rhön sollte nach dem »Rhönplan« von 1935 zur Musterregion werden – allerdings mit einer »rassisch unbedenklichen« Elite von Bauern, die durch »Aufarten und Aufnorden« herangezogen werden sollte. Das bedeutete »Euthanasie« und Zwangssterilisation ebenso wie die Vertreibung von Juden und anderen Minderheiten.

Regiert wurde der nationalsozialistische »Gau« in Weimar, das seit 1934 Gauhauptstadt war und für die Vereinnahmung und Instrumentalisierung der kulturellen Traditionen stand. Das benachbarte Erfurt war eine der größten Garnisonsstädte, wichtigster Verkehrsknotenpunkt und ein bedeutender Wirtschaftsstandort. Jena war für die Nazis nicht nur

Neubau des Hotels »Elephant« in Weimar. Blick über den Marktplatz, auf dem Baumaterial gelagert wird. Im Hintergrund der Hotelneubau mit einer fast fertigen Dachkonstruktion.

Nationalsozialistische Bauwut schien den Thüringern zunächst zugutezukommen: Hier die 1936–1938 erbaute Autobahnbrücke über das Teufelstal bei Hermsdorf.

Die Gleichschaltung an der Kaderschmiede für künftige Nazi-Eliten reichte bis zur Theologischen Fakultät. Dort versuchten die »Deutschen Christen«, die biblische Botschaft in Einklang mit der Nazi-Ideologie zu bringen. Diesem Ziel diente auch das kirchliche »Entjudungsinstitut« in Eisenach, dessen Mitarbeiter »jüdische Einflüsse« in Bibeltexten und Kirchenliedern zu beseitigen hatten. Als jedoch die Nazis 1938 das goldene Kreuz auf der Wartburg durch ein riesiges Hakenkreuz ersetzten, lösten sie weltweite Proteste aus. Nach nur vier Tagen musste das Nazi-Symbol auf dem Bergfried wieder demontiert werden.

Zum Alltag des Nationalsozialismus in Thüringen gehörte ebenso die gezielte »Vernichtung lebensunwerten Lebens« im Rahmen des »Euthanasie«-Programms wie die Ausgrenzung und Vertreibung von Juden. 1938 brannten die Synagogen in Erfurt und in Gotha, Tausende Juden wurden nach der »Reichskristallnacht« verhaftet und deportiert.

wegen seiner feinmechanischen und optischen Industrie interessant, die sich in »nationalsozialistischen Musterbetrieben« bald auf Rüstungsgüter unterschiedlichster Art konzentrierte.

Wichtig war ihnen auch die Universität, deren Rektor von 1939 bis 1945 der Rasseforscher Karl Astel (1898 bis 1945) war. Der »Professor für Menschliche Züchtungslehre und Vererbungsforschung« hatte schon seit 1933 das »Landesamt für Rassewesen« in Weimar geleitet. Freimütig bekannte er, sein oberstes Ziel sei es, »Thüringen als Fort in vorderster Linie des SS-Kampfes gegen alle überstaatlichen Mächte einschließlich des Christentums und für die Durchdringung des Volkes mit lebensgesetzlichem Denken auszubauen«. Die Friedrich-Schiller-Universität soll denn auch nach seinen Worten die »erste rassen- und lebensgesetzlich ausgerichtete Hochschule Großdeutschlands« gewesen sein.

Zwangsarbeit und »Wunderwaffe«

Das wirtschaftliche Leben prägten einerseits viele kleine und mittelständische Betriebe und auf der anderen Seite zahlreiche Traditionsunternehmen, die für die Kriegswirtschaft unverzichtbar waren. Bei BMW in Eisenach rollten ab 1937 neben zivilen Autos auch Geländewagen und geländetaugliche Motorradgespanne vom Band. Die Waggonfabrik in Gotha war mit dem Flugzeugbau gut im Geschäft. Ab 1944 diente selbst das Weimarer Theater als Rüstungsbetrieb. Die Erfurter Firma »Topf & Söhne« erlangte schreckliche Berühmtheit als Lieferant von Verbrennungsöfen in zahlreichen Konzentrations- lagern der Nazis zwischen Buchenwald und Auschwitz.

Darüber hinaus gab es in Thüringen ein weitverzweigtes Netz von unterirdischen Pro- duktionsanlagen, in denen zumeist KZ-Häft- linge unter unmenschlichen Bedingungen Zwangsarbeit in der Rüstungsindustrie leisten mussten. Im einstigen Konzentrationslager Mit- telbau-Dora bei Nordhausen ließen die Nazis ab 1943 ihre »Wunderwaffe« V2 produzieren, nachdem die Alliierten die Raketenfabrik in Peenemünde bombardiert hatten. Mittelbau- Dora galt für die Montage der V2 aus 450 000 Einzelteilen als bombensicherer Ort. Die un- terirdischen Gänge mussten die Häftlinge mit einfachsten Mit- teln vorantreiben. Inmitten von Staub und Dreck gab es für sie weder Tageslicht noch Wasser oder sanitäre Einrichtungen.

Die billigen Arbeitskräfte in den Konzentrationslagern wur- den nachweislich auch von dem Raketenkonstrukteur Wernher von Braun persönlich mit ausgewählt. Neben »Produkti- onshäftlingen« in der Raketen- montage gehörte zu Mittelbau- Dora eine weitaus größere Zahl von »Bauhäftlingen«, die im weiten Umkreis an immer neuen Rüstungsprojekten ar- beiten mussten. Insgesamt gab es in der Thüringer Südharz-Re- gion 150 Lager für Zwangs- oder sogenannte Fremdarbeiter sowie 30 Kriegsgefangenen- und 20 KZ-Außenlager mit zu- sammen etwa 60 000 Häftlin- gen. Ein Drittel von ihnen er- lebte das Kriegsende nicht.

Die Thüringer Zivilbevölke- rung blieb von unmittelbaren Kriegseinwirkungen lange Zeit

weitgehend verschont. Erst ab Mai 1944 kam es immer häufiger zu Luftangriffen mit zum Teil großen zivilen Opfern – in Altenburg und Apolda, in Eisenach, Erfurt, Gotha, Ohrdruf, Rudolstadt, Saalfeld, Suhl und Weimar.

Am schlimmsten war Nordhausen betrof- fen: Unter den Bomben aus 250 britischen Flug- zeugen, die am 3. April 1945 die V2-Produk- tion in Mittelbau-Dora stoppen sollten, fanden rund 9000 Menschen den Tod. Über zwei Drit- tel der alten Reichsstadt fielen in Schutt und Asche. Den letzten Angriff in Thüringen flog am 6. April 1945 die US Air Force auf Gera. Damit verlor auch die alte reußische Residenz ihr historisches Gesicht.

Das ehemalige Kon- zentrationslager Buchenwald bei Wei- mar war schon zu DDR-Zeiten eine Gedenkstätte.

Selbstbewusster Neuanfang

Die friedliche Revolution beginnt schon lange vor 1989

Als die Menschen im Herbst 1989 in der DDR auf die Straße gingen, protestierten sie auch in Thüringen gegen die allenthalben sichtbare Negativbilanz nach 40 Jahren unter sozialistischem Vorzeichen. Dabei hatten die Thüringer 1945 kräftig mit zugepackt, um die Kriegsfolgen schnell zu überwinden. Trümmer wurden beseitigt und Industrieanlagen, sofern nicht von der sowjeti-

Das liebste Kind vieler DDR-Bürger, made in Eisenach: der »Wartburg«.

schen Besatzungsmacht als Reparationsleistung demontiert, in Gang gesetzt. Museen öffneten wieder, Theater bereiteten die erste Vorstellung nach der großen Katastrophe vor.

Auf dem Land erhielten Vertriebene aus den ehemaligen deutschen Ostgebieten in Neubauernsiedlungen die Chance zur Integration als »Umsiedler«.

Legendär war die Aktion »Max braucht Wasser« – sie fand auch breite Resonanz weit über Thüringen hinaus. Es ging um die Wasserversorgung der Maxhütte in Unterwellenborn bei Saalfeld. Im »Nationalen Aufbauwerk« errichteten die Thüringer in zahlreichen Orten bei mehr oder weniger freiwilligen Arbeitseinsätzen für sich und ihresgleichen Kulturhäuser, Sozialeinrichtungen, Schwimmbäder oder Sportanlagen. Besonders berühmt wurde das »Fellberg-Stadion« in Steinach: Die Kleinstadt bei Sonneberg behauptete sich dort ab 1963 als kleinster ostdeutscher Oberliga-Ort aller Zeiten für zwei Jahre in der höchsten Spielklasse des DDR-Fußballs.

Vom BMW zum »Wartburg«

Das liebste Kind vieler DDR-Bürger war ein Auto aus einheimischer Produktion, nämlich aus Eisenach. Im früheren BMW-Werk rollten Ende 1955 die ersten »Wartburg« vom Band. Der Pkw war ein Zweitakter wie der »Trabant«, der zwei Jahre später im sächsischen Zwickau folgte, und für die Käufer bald mit Wartezeiten von zehn und mehr Jahren verbunden.

Suhl setzte seine Traditionen in der Herstellung von Jagdwaffen fort. Kunsthandwerk aus dem Thüringer Wald, von Christbaumschmuck aus Lauschaer Glas bis hin zu Schnitzereien aus der Rhön, war im individuellen Tauschhandel zum privaten Ausgleich von Engpässen von besonderem Wert. Bei den Zukunftstechnologien sollte vor allem die Mikroelektronik in Erfurt der DDR den Anschluss an internationale Trends bringen. In Wirklichkeit jedoch war den Ingenieuren und Technikern längst klar, dass sie nach anfänglichen Spitzenleistungen bald im internationalen Wettbewerb der Branche keine Rolle mehr spielten.

Für Urlaub und Freizeit waren vor allem der Thüringer Wald oder die Region um die Saaletalsperren interessant, aber auch die historischen Städte entlang der Autobahn zwischen Eisenach und Gera. Doch während

Prestigeprojekte wie die Wartburg oder die klassischen Stätten von Weimar regelmäßig vom Staat gefördert wurden, musste so manches historisches Kleinod fernab der Touristenströme ein bescheidenes Dasein fristen. Zudem waren Schlösser und Herrensitze oft von Ferienheimen, Sozialeinrichtungen, Bildungsstätten oder Verwaltungen belegt, was dem geschichtsträchtigen Gemäuer in aller Regel schlecht bekam.

Uran für sowjetische Atomwaffen

Trotz seiner Randlage war Thüringen in der DDR auch ein wichtiger Standort für Industrie und Landwirtschaft. Eine besondere Rolle spielte in der Region um Ronneburg bei Gera der Uranbergbau für die atomare Aufrüstung der Sowjetunion. Dem Bergbau ohne Rücksicht auf Natur und Umwelt mussten mehrere Dörfer weichen, die Bewohner mussten Haus und Hof aufgeben. Beim Abbau vor Ort waren die Bergleute lange Zeit der ständigen Strahlung des radioaktiven Gesteins ausgesetzt, und das weitgehend ungeschützt. Und mit dem Ende der Uran-Ära nach dem Zusammenbruch der DDR fühlten sich viele der Kumpel um ihre Lebensleistung in der »Sowjetisch-deutschen Aktiengesellschaft Wismut« betrogen, in doppeltem Sinne: Beim Kampf um die Anerkennung von irreparablen Gesundheitsschäden (vulgo: Lungenkrebs) als Berufskrankheit gingen sie aus den Auseinandersetzungen mit einer übermächtigen bundesdeutschen Bürokratie nicht selten als Verlierer hervor.

Von wenig Rücksichtnahme auf die natürliche Umwelt war auch die großflächige Landwirtschaft gekennzeichnet. Die Kollektivierung nach sowjetischem Vorbild begann 1952 mit der ersten Landwirtschaftlichen Produktionsgenossenschaft (LPG) überhaupt in Merxleben bei Bad Langensalza. In den nachfolgenden Jahrzehnten verlor das Thüringer Becken durch immer größere Flächen sein über Generationen gewachsenes Gesicht mit kleinen Feldern und weiten Auen. Hecken, Feldraine und Obstbäume verschwanden, Bäche und Flüsse wurden verrohrt oder umgeleitet. Die Veränderungen zerstörten zahllose Biotope, und ein Übriges taten die geforderten »industriemäßigen Methoden« mit übermäßiger Düngung und dem massiven Einsatz von Pestiziden.

Stopp für alle selbstständigen Bauern: Die Kollektivierung der Landwirtschaft in der DDR begann 1952 in Thüringen.

Verspielter Bonus

So bot Thüringen, alles in allem, in den letzten Jahren der DDR ein überaus widersprüchliches Bild – wie das ganze Land. Nach vier Jahrzehnten hatten die Verheißungen der sogenannten neuen Gesellschaft ihren Bonus für ein Leben in Glück und Wohlstand endgültig verspielt. Vom Enthusiasmus der frühen Jahre, der vielleicht noch für die Kinder der Aufbaugeneration gereicht hatte, war für die Enkel kaum noch etwas geblieben. Die »sozialpolitischen Errungenschaften«, in der Rückschau von manchen gern als positive Leistung beschworen, waren ebenso wie das etwas buntere Warenangebot des »Konsumsozialismus« mit teuren West-Krediten erkauft, von denen niemand wusste, wie sie jemals zurückgezahlt werden sollten. In zahlreichen wichtigen Betrieben mussten die Menschen mit veralteter Technik arbeiten. Zudem war auch in den drei Thüringer Bezirken nicht zu übersehen, wie im Schatten von Großinvestitionen für Wohnungen »auf der grünen Wiese« historisch gewachsene Stadtlandschaften verfielen oder aber – wie etwa in Jena oder in Suhl – durch Neubauten ihren Charakter verloren. Ein Glücksfall indes war Erfurt, wo beherzte Bürger mit ihrem Protest den geplanten Abriss des historischen Andreasviertels verhinderten.

Im Schatten der innerdeutschen Grenze

Insgesamt aber dominierte in den 80er-Jahren die Stagnation ganz Thüringen, das 1952 mit der Auflösung des Landes in die DDR-Bezirke Erfurt, Gera und Suhl aufgeteilt worden war. Im gleichen Jahr hatte der systematische Ausbau der einstigen Landesgrenzen im Süden und im Westen zur nahezu unüberwindbaren »Staatsgrenze der DDR« mit Stacheldraht und Schießbefehl begonnen. Später kamen – wie in Mödlareuth, Heinersdorf, Vacha oder Wahlhausen – Mauern aus Beton, Sichtblenden und Selbstschussanlagen dazu.

Mit 763 Grenzkilometern zwischen Frankenwald und Südharz entfiel auf die drei Thüringer Bezirke mehr als die Hälfte der innerdeutschen Grenze. Sie trennte Familien und Freunde, aber auch historisch gewachsene Landschaften und Kulturräume.

Unliebsame Bewohner des Grenzgebietes wurden von den Behörden unter fadenscheinigen Begründungen zum Verlassen ihrer angestammten Heimat gezwungen und mussten sich irgendwo in der DDR eine neue Existenz aufbauen. Von den Zwangsaussiedlungen 1952 und 1961 waren insgesamt über 5200 Menschen betroffen. Im Eichsfeld in Nordthüringen entzog sich der drohenden Deportation fast ein ganzes Dorf: Am 2. Oktober 1961, wenige

Wochen nach dem Bau der Berliner Mauer und vor der weiteren Befestigung der Grenzanlagen zu Niedersachsen, gelang 53 Einwohnern von Böseckendorf eine spektakuläre Massenflucht in den Westen.

Zwischen Anpassung und Auflehnung

Doch ungeachtet aller Probleme haben sich die Thüringerinnen und Thüringer ebenso wie die anderen DDR-Bürger über all die Jahre mehrheitlich mit dem Staat arrangiert: Jeder hatte Arbeit und Auskommen – sofern er nicht allzu laut aufbegehrte gegen Mangelwirtschaft, politische Bevormundung oder verweigerte Freizügigkeit.

Neben der schweigenden Mehrheit gab es aber in Thüringen immer auch deutliche Stimmen gegen Unfreiheit und Ungerechtigkeiten in der DDR. Beim Volksaufstand vom 17. Juni

Rechts:
Die regelmäßig geformten Abraumhalden aus dem Uranabbau prägten bis 2008 die Umgebung von Ronneburg.
Unten:
Die Saaletalsperren, aus wirtschaftlichen Gründen gebaut, wurden zu DDR-Zeiten bald auch zu Anziehungspunkten für Touristen und Ausflügler.

75 JAHRE **SAALETALSPERRE BLEILOCH** · DEUTSCHLAND · **55**

1953 gehörte Jena mit zu den wichtigen Orten des Protests.

Im gleichen Jahr gründeten Oberschüler, unter dem Eindruck der staatlichen Angriffe auf die »Junge Gemeinde«, die Jugendorganisation der evangelischen Kirche, den »Eisenberger Kreis«, um auf politische Willkür aufmerksam zu machen. 1955 protestierte die Gruppe gegen die bevorstehende Gründung der Nationalen Volksarmee. Zugleich kritisierte sie die zunehmende Gleichschaltung im öffentlichen Leben und an der Universität. Im Herbst 1957 forderten die Jugendlichen mit mehreren hundert Briefen an die Universitäten in Jena und Leipzig den Boykott von Propagandaveranstaltungen und der »Volkswahlen«. Kurz zuvor wollten sie die Jenaer Tribüne zur »Kampfdemonstration« am 1. Mai in Flammen aufgehen lassen. Zwar misslang der Anschlag, der als eine der wenigen militanten Widerstandsaktionen in der DDR gilt, wegen einer defekten Zündschnur. Dennoch wurde die Gruppe im Februar 1958 zu hohen Haftstrafen verurteilt: Die 24 Jugendlichen erhielten insgesamt 114 Jahre und sechs Monate.

Die Universitätsstadt Jena war spätestens seit den frühen 70er-Jahren wieder ein Zentrum der kritischen Jugendszene. Den Anfang machte die kirchliche Jugendarbeit in der »JG Stadtmitte«. Sie ist vor allem verbunden mit Namen wie Jürgen Fuchs, Lutz Rathenow oder Roland Jahn. Anfangs diskutierten die Jugendlichen lebhaft über einen »demokratischen Sozialismus« und eine »bessere DDR«, während nach der Ausbürgerung des Liedermachers Wolf Biermann 1976 Werte wie Freiheit, Demokratie und Menschenrechte in den Vordergrund rückten.

Dabei war den Beteiligten die permanente Unterwanderung durch die Staatssicherheit durchaus bewusst. Auf Aktionen der 1983 gegründeten »Jenaer Friedensgemeinschaft« folgten denn auch stets Verhaftungen und Abschiebungen in den Westen. Historiker sehen in der Jenaer Jugendopposition durchaus eine der wichtigsten oppositionellen Gruppen in der DDR. Zu ihrer Geschichte gehört nicht zuletzt

Tausende Jugendliche bauten im Winter 1948/49 an einer Wasserleitung für die Maxhütte Unterwellenborn. Diese Gedenktafel bei Saalfeld erinnert daran.

Zweimal Mödlareuth: Oben beim Bau der Sperrmauer 1966, unten im heutigen Zustand als deutsch-deutsches Museum, das an die dunkle Zeit von Stacheldraht und Schießbefehl erinnert.

der bis heute ungeklärte Tod des 23-jährigen Matthias Domaschk in der Geraer Stasi-Untersuchungshaft im April 1981.

Frühling im Oktober

Aus heutiger Sicht freilich waren die Formen des öffentlichen Widerstands in Thüringen wie in der gesamten DDR eher bescheiden: vereinzelte Parolen an Häuserwänden oder Brücken, Handzettel in Briefkästen, beschädigte Propagandaplakate der SED. Doch in den zumeist verhaltenen Aktionen sei immerhin »Widerstand als Alltagsphänomen« erkennbar geworden, betont der Thüringer Theologe und Zeitgeschichtler Ehrhart Neubert: »Viele aufmerksame DDR-Bürger haben sie wahrnehmen können.«

Über die Jahre wurden die vielen kleinen Aktionen schließlich zum wichtigen Impuls für die friedliche Revolution vom Herbst 1989 in der DDR.

Zwar trugen die Thüringer ihre Forderungen nach grundlegenden Reformen erst relativ spät aus dem Schutzraum der Kirchen in die Öffentlichkeit. Doch ab Mitte Oktober waren zwischen Nordhausen und Sonneberg ebenso wie zwischen Eisenach und Altenburg regelmäßig Zehntausende Menschen auf den Straßen. In Weimar erfanden die Demonstranten dafür das schöne Wort vom »Oktoberfrühling«. Mit ihm nahm im 40. Jahr der DDR ein selbstbewusster Neubeginn seinen Anfang, der schon bald in die deutsche Einheit münden sollte.

Thüringen in der Gegenwart

Deutschlands starke Mitte

Thüringen nutzt seine Chancen in der neuen Freiheit

Packen wir's an: Nach dem Zusammenbruch der DDR war vielerorts Altlastensanierung angesagt – wie hier im ehemaligen Uranabbaugebiet Ronneburg. **Vorhergehende Seite:** Hightech an traditionsreichem Standort – moderner Campus in Jena.

Schlag nach bei Goethe: »Wo finden Sie auf einem so engen Fleck noch so viel Gutes! ... Es gehen von dort die Tore und Straßen nach allen Enden der Welt«, diktierte der Dichterfürst einst seinem Sprüchesammler Eckermann ins Tagebuch. Zwar bezog sich Goethes Sentenz vor über 200 Jahren auf seine Wahlheimat Weimar. Doch mit einiger Berechtigung lässt sich der Ausspruch durchaus auf das moderne Thüringen übertragen.

Mit der Wiedervereinigung vom 3. Oktober 1990 ist das Land mit seinen gut zwei Millionen Einwohnern aus der ostdeutschen Randlage in Deutschlands Mitte zurückgekehrt. Die drei Thüringer Bezirke wurden zum kleinsten der ostdeutschen Bundesländer – allerdings mit einem Geburtsfehler: In Alten-

burg, das bis 1990 zum DDR-Bezirk Leipzig gehörte, setzte sich die Politik über die Menschen hinweg, die nach einer Bürgerbefragung mehrheitlich in Sachsen bleiben wollten. Der Kreistag votierte für Thüringen. Damit ging auf dem Weg in die neue Freiheit auch dort der historische »bunte Löwe« voran.

Der aufrechte Gang des gekrönten Wappentiers wurde für viele bald zu einem Symbol für Thüringer Identität und Selbstbewusstsein. Tatsächlich muss sich das Land, das sich 1993 auf der Wartburg die Verfassung eines Freistaates gab, mit seinen Leistungen im wiedervereinigten Deutschland nicht verstecken. Thüringen wurde zu einem Land der genutzten Chancen.

Dazu gehören im Vergleich zu den anderen ostdeutschen Gebieten hohe Zuwachsraten in der Wirtschaft ebenso wie vergleichsweise wenig Arbeitslose – zumindest im Durchschnitt, denn die Problemregionen im Norden und im Osten des Landes sprechen eine andere Sprache.

Immerhin wurde nach dem Zusammenbruch der Textil- und Papierindustrie mit ihren veralteten Anlagen und mit der Schließung von Kaligruben die Wasserqualität an Saale, Elster, Pleiße und Werra deutlich besser. Und mit der Kohleheizung in Kommunen und Betrieben verschwanden über weiten Teilen Thüringens auch die Dunstglocken, die nicht nur bei Smog das Atmen schwer machten.

Der Abschied von der Planwirtschaft brachte Thüringen eine neue Gründerzeit, die sich allerdings oft auf Gewerbegebiete an den Stadträndern oder entlang der Autobahn beschränkte. Dass dabei gelegentlich zu viel Gelände teuer erschlossen wurde, hatte weniger mit der Unfähigkeit der Thüringer Planer zu tun als vielmehr mit der schematischen Übertragung westlicher Regularien auf den Aufbau Ost: Fördergelder verfielen, wenn sie nicht innerhalb bestimmter Fristen verwendet wurden.

Gleichwohl entstanden auf der »grünen Wiese« nicht nur Autohäuser oder Einkaufszentren. Zahlreiche Thüringer Unternehmer, die in der DDR enteignet worden waren, wagten einen Neustart. Hinzu kamen privatisierte DDR-Betriebe und engagierte Existenzgründer. Nicht zuletzt wurde der Freistaat dank seiner zentralen Lage auch für gestandene Firmen aus dem Westen interessant. Die Autobranche als Vorzeigebeispiel stellt in 400 Betrieben vom Großstandort bis zum kleinen Zulieferer ein Viertel aller Industriearbeitsplätze. Zu den wichtigen Wirtschaftszweigen gehören heute ebenso die Computerfertigung mit etwa 60 Unternehmen und 2000 Beschäftigten sowie 280 Firmen der optischen Industrie mit etwa 35000 Mitarbeitern.

Aus Thüringen in die Welt

Großprojekte in der Infrastruktur, die 1989 vielfach noch den Stand der Nachkriegszeit hatte, verhalfen Thüringen bald zum direkten und schnellen Anschluss in alle Richtungen.

Der Flughafen in Erfurt überwand mit innerdeutschen Linienflügen sowie als Ausgangs- und Zielpunkt für Ferienflieger sein langjähriges Schattendasein. Den früheren Militärflugplatz in Nobitz bei Altenburg entdeckten Billiganbieter als »Leipzig-Altenburg Airport«. Die bestehenden Autobahnen wurden ausgebaut und ergänzt durch die neue

Thüringer-Wald-Autobahn mit ihren imposanten Brücken, die in Bayern in das europäische Fernstraßennetz mündet. Die Südharz-Autobahn zwischen Leipzig und Göttingen quert Nordthüringen im Eichsfeld bei Heiligenstadt und in der Region um Nordhausen.

Von den neuen Verkehrswegen profitiert Thüringen zunehmend auch als Urlaubsregion. Den Besuchern bietet das Land auf rund 16000 Quadratkilometern raue Mittelgebirge und fruchtbare Auenlandschaften, ausgedehnte Wälder und weite, hügelige Ebenen. Der Thüringer Wald und das Schiefergebirge durchziehen das Land von Nordwesten nach Südosten bis zum Frankenwald.

Nördlich davon breitet sich das Thüringer Becken aus, das seit Jahrhunderten von Obstbau und Landwirtschaft geprägt ist. Jenseits des Rennsteigs geht nach Südwesten hin die Landschaft in die Rhön und ins Grabfeld über. Im Nordwesten begrenzt die Werra den Freistaat, während er sich im Nordosten zur Leipziger Tieflandsbucht öffnet.

Thüringen touristisch

Seinen guten Ruf als Urlaubsregion hat Thüringen seit 1990 durch zahllose private Investitionen und öffentliche Förderung weiter gefestigt. Auf Urlauber und Tagestouristen warten über 16000 Kilometer markierte Wanderwege, zahlreiche Anbieter einer »Wanderfreundlichen Unterkunft« und knapp 2000 Kilometer Radwege.

Entlang mehrerer Themenstraßen lässt sich Kulturgeschichte sozusagen im Vorbeifahren kennenlernen.

Die Klassikerstraße führt zu Stätten großer geistiger Traditionen, die Porzellanstraße, die Spielzeugstraße und die Schieferstraße erinnern an alte Erwerbszweige. Die Bier- und

Der bunte Löwe – das Wappen des heutigen Freistaates Thüringen kann auf eine alte Tradition zurückblicken.

Landschaften zum Wandern und Erholen

Winter-Romantik im Schlosspark in **Greiz** (links oben). Die **Wachsenburg** im Herzen Thüringens (rechts oben) gehört zu den Drei Gleichen und ist auch durch Wanderwege bestens erschlossen (links). Nicht nur im Sommer kann man an den **Plothener Teichen** die Seele baumeln lassen (rechts).

In der Toskana Therme in Bad Sulza.

Bewahrte Geschichte

Thüringer Geschichte ist in mehr als 140 Museen bewahrt, deren Ausstellungen vielfach seit 1990 erneuert und umgestaltet wurden. Heimatmuseen dokumentieren die Verbundenheit der Menschen mit ihrer Region und Tradition nunmehr ohne politische Verrenkungen. Einzigartige Einrichtungen kamen hinzu – wie etwa das Kloßmuseum in Heichelheim bei Weimar oder das Bratwurstmuseum bei Erfurt, die von Thüringer Grundnahrungsmitteln erzählen. Eine Dokumentation in Cospeda bei Jena informiert über die Ereignisse aus dem Napoleonischen Krieg im Jahr 1806. Typische Erwerbszweige wie Schieferindustrie,

Burgenstraße spricht ebenso für sich wie die Weinstraße an Saale und Unstrut.

Wieder andere Aspekte werden an der Deutschen Märchenstraße, der Fachwerkstraße oder der Reußischen Fürstenstraße lebendig. Schließlich mahnt die Erlebnisstraße der deutschen Einheit, die Jahrzehnte der Teilung entlang der thüringischen Landesgrenze nicht zu vergessen.

Eisenbahnfreunde kommen auf ihre Kosten mit der Thüringer Waldbahn, die als gemächliche Überlandstraßenbahn von Gotha nach Tabarz führt.

Oder mit der Bergbahn in Oberweißbach. Die Standseilbahn wurde zwischen 1919 und 1923 im Schiefergebirge südwestlich von Saalfeld errichtet und gilt mit 25 Prozent Steigung als die steilste Bahn zum Transport normalspuriger Eisenbahnwagen. Auf 1400 Metern Länge überwindet sie einen Höhenunterschied von 323 Metern.

Die Thüringer werden immer weniger

Leider ist auch »Deutschlands starke Mitte« keineswegs eine Insel der Seligen. Thüringens größte Herausforderung für die nächsten Jahre ist der demografische Wandel. Von den gut 2,6 Millionen Menschen, die 1990 im Freistaat lebten, verlor Thüringen bis 2008 mehr als 340 000. Und die Tendenz hält an: Seriöse Prognosen rechnen bis zum Jahr 2025 mit einem weiteren Rückgang auf 1,97 oder sogar nur noch 1,94 Millionen Einwohner.

Erste Auswirkungen dieses Prozesses sind schon jetzt erkennbar: Immer mehr Wohnungen, ja ganze Wohnblocks stehen leer, Bus und Bahn fahren nicht mehr so oft wie früher und auch nicht mehr in jeden Ort. Zudem betrifft das Aufgeben von Ämtern und Behörden und ihr Zusammenlegen an neuen Standorten die Menschen ebenso unmittelbar wie die Schließung von Kindereinrichtungen und Schulen. Ein weiteres Problem ist die zu erwartende Überalterung, von der die ländlichen Regionen und die Höhenlagen im Thüringer Wald und Südharz besonders betroffen sind.

Spielzeugproduktion oder Glasherstellung illustrieren Einrichtungen in Steinach, Sonneberg und Lauscha. Grenzmuseen in Geisa, Mödlareuth, Teistungen und im Schifflersgrund sind der deutschen Teilung und ihren Auswirkungen auf die Menschen in Thüringen gewidmet.

Schlossmuseen wie in Weimar, Gotha oder Rudolstadt dokumentieren mit ihren Kunstsammlungen die einstige fürstliche Sammelleidenschaft und stehen zugleich für den kulturellen Reichtum von Thüringen als einstiges »Land der Residenzen«. Unter den volkskundlichen Museen sind die Freilichtmuseen in Hohenfelden und im Kloster Veßra von besonderem Reiz. Das Deutsche Bienenmuseum in Oberweimar eröffnet einen faszinierenden Einblick in den Mikrokosmos der Insekten. Und die Welt der Sterne macht das Zeiss-Planetarium in Jena aus nächster Nähe erlebbar.

Natur und Wellness

Bei allem Reichtum an Natur und Kultur ist das Land seit dem 19. Jahrhundert ein traditioneller Standort für den Kurbetrieb. Unter dem neuen Stichwort »Wellness« wurde er in den vergangenen Jahren gezielt ausgebaut. Gegenwärtig zählt der Thüringer Heilbäderverband über 20 Mitglieder, darunter Luftkurorte, heilklimatische Kurorte und Kneippkurorte. In Bad Berka bei Weimar begann das Badeleben 1813 auf Veranlassung des Weimarer Herzogs Carl August und unter Mitwirkung seines Staatsministers Goethe. Bad Blankenburg am Tor zum romantischen Schwarzatal bietet als einer der ältesten Thüringer Kurorte neben Heilbädern auch Kneippkuren. In Bad Colberg in Südthüringen bringt jeweils Ende

August die Thüringer Montgolfiade mit Fahrten im Heißluftballon über den Thüringer Wald etwas Abwechslung in den Kurbetrieb. Eine Besonderheit in Bad Sulza ist die 1999 eröffnete Toskana Therme mit dem einzigartigen Licht- und Klangsystem »Liquid Sound«. Aktivurlaubern schließlich bietet das Rennsteig-Outdoor-Center bei Steinach mit 20 Kletterstationen neun Meter über dem Erdboden den besonderen Adrenalin-Kick. Im Winter lädt oberhalb der Kleinstadt bei Sonneberg auf 842 Metern Höhe die Skiarena ein – mit 4500 Metern alpinen Pisten und einem Höhenunterschied von 260 Metern.

So erweist sich Thüringen als ein Land, das reich ist an unterschiedlichen Facetten. Vor diesem Hintergrund ist das Wort von »Deutschlands starker Mitte« alles andere als eine vordergründige Übertreibung. Vielmehr machen die Menschen zwischen Eisenach und Altenburg, zwischen Nordhausen und Sonneberg die damit verbundene Vielfalt Tag für Tag auf unterschiedlichste Weise erlebbar.

Zu jeder Jahreszeit »wanderbar«: der Thüringer Wald, hier mit dem Inselsberg.

Handwerk und Hightech

Tradition und Innovation liegen eng beieinander

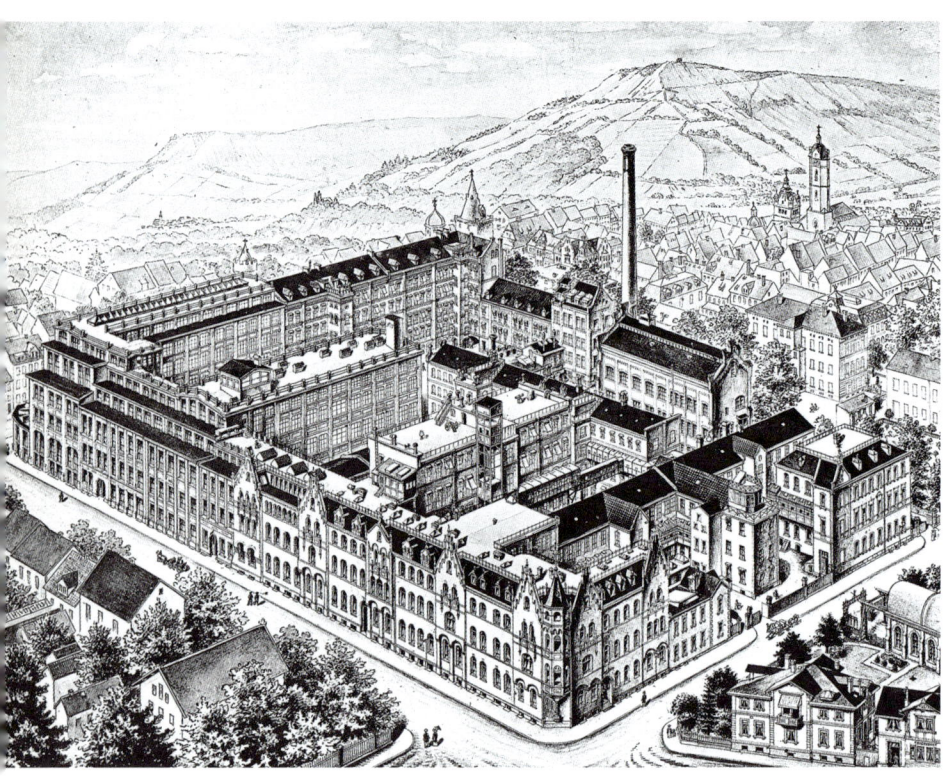

So sahen die Fertigungsstätten von Carl Zeiss in Jena im Jahr 1908 aus.

Das Zeitalter von Hightech und Innovation hat in Thüringen schon vor mehr als 160 Jahren begonnen und ist untrennbar verbunden mit Jena. Die Universitätsstadt hat ihren Aufstieg zu einem Zentrum der Optik und Feinmechanik nicht zuletzt den Vorbehalten des Weimarer Hofes gegenüber neuen Industriezweigen in der klassischen Residenz zu verdanken.

So eröffnete der 1816 in Weimar geborene Drechslersohn Carl Zeiss nach erfolgreichen Lehr- und Wanderjahren seine Werkstatt als Mechanikus nicht in der Vaterstadt, sondern nebenan in Jena. Dort konzentrierte er sich ab 1846 auf die Fertigung von Mikroskopen, nachdem er zuvor als Praktikant am Physio-logischen Institut aus nächster Nähe erfahren hatte, welche Anforderungen Mediziner und Biologen an moderne mikroskopische Geräte stellen.

Seine Werkstatt in Jena begründete eine neue Epoche bei der Fertigung von optischen Präzisionsgeräten – und zugleich eine einzigartige Thüringer Erfolgsgeschichte. 1866 verließ bereits das tausendste Mikroskop das junge Unternehmen. Im gleichen Jahr gewann Zeiss den aus Eisenach stammenden Mathematiker Ernst Abbe als Partner, sodass das bisherige »Pröbeln und Probieren« bei der Mikroskopfertigung abgelöst werden konnte durch exakt im Voraus berechnete Linsensysteme. Dritter im Bunde war der Chemiker Otto Schott, der die wissenschaftlichen Grundlagen für die industrielle Herstellung von optischen Gläsern beisteuerte.

Seither haben Firma und Stiftung Carl Zeiss und ebenso auch das Unternehmen Schott & Genossen Wirtschaft und Kultur in der Universitätsstadt maßgeblich geprägt. Bis heute ist Jena wichtigster Thüringer Standort für innovative Technologien, die traditionelles handwerkliches Können mit modernem Know-how vereinen. Dafür steht neben der Traditionsfirma Zeiss auch das neue Unternehmen Jenoptik.

Beide sind nach dem Ende der DDR aus dem damaligen Kombinat »VEB Carl Zeiss Jena« hervorgegangen. Auf Geschäftsfeldern wie Planetarien, Mikroskope, Medizintechnik und Instrumente für die Augenheilkunde sowie bei Hightech-Produktionsanlagen und bei Lasertechnologien setzen sie international Maßstäbe.

Biotechnik und »Colibri«

Darüber hinaus wurde Jena in den vergangenen Jahren zu einem Zentrum der Biotech-Branche in Thüringen. Neben Forschungen unter anderem zum Altern und zum Genom erprobt das Jenaer Konzept der »Bio-Instrumente« vor allem neue Wege bei der Verknüpfung von Medizin, Biotechnologie, Optik und Gerätebau.

Auf dem Beutenberg-Campus am Rand der Universitätsstadt haben zahlreiche Forschungsinstitute sowie ein Technologie- und Innovationspark einen gemeinsamen Standort. Die Max-Planck-Gesellschaft und die Fraunhofer-Gesellschaft sind hier ebenso vertreten wie die Friedrich-Schiller-Universität. Einbezogen ist ferner das bereits 1953 auf dem Beutenberg eröffnete Institut für Mikrobiologie und experimentelle Therapie. Einst größtes biowissenschaftliches Forschungszentrum der DDR, wird die Einrichtung heute als »Leibniz-Institut für Naturstoff-Forschung und Infektionsbiologie – Hans-Knöll-Institut« weitergeführt.

Dass eine solche Ballung von kreativer Energie zu ganz praktischen Projekten auf anderen Gebieten motiviert, stellen drei junge Leute mit dem Elektroauto »Colibri« unter Beweis. Der Firmenname Innovative Mobility Automobile OHG indes steht weniger für moderne Fertigungsstrecken als vielmehr für das Konzept, nach dem in Jena seit 2008 an einem sportlichen Einsitzer getüftelt wird. Alltagstauglich, zuverlässig und vor allem sparsam soll das Auto sein.

Mit Tempo 100 als Spitze und einer Reichweite von 120 Kilometern kann sich das ambitionierte Start-up-Unternehmen den »Colibri« durchaus als Pendlerfahrzeug, aber auch für Dienstleistungsunternehmen wie Hol- und Bringdienste oder den Einsatz im Gesundheitswesen vorstellen. Durch ein innovatives Bedienkonzept ist der Colibri zudem nicht nur intuitiver, sondern bietet auch neue Möglichkeiten der Integration in das Web. Der Grundpreis soll unter zehntausend Euro liegen und die Ladezeit für leer gefahrene Akkus an der heimischen Steckdose unter zwei Stunden. Der Serienstart ist für 2013 geplant – bis dahin müssen aber noch weitere Investoren für das zukunftsträchtige Modell gefunden werden.

Technologien für die Zukunft

Apropos Zukunftstechnologien: Im modernen Thüringen haben sie auch andernorts und auf anderen Gebieten einen anerkannten Platz. Allein in der Solarbranche beschäftigen rund fünfzig Unternehmen mehr als 5000 Mitarbeiter. Kenner der Materie nennen die Region mittlerweile »Solarvalley Mitteldeutschland«. Nirgendwo anders in Deutschland gibt es in einem vergleichbaren Gebiet so viele Solarunternehmen wie zwischen Ilmenau und Jena. Sie produzieren komplette Fotovoltaikanlagen ebenso wie die dazu benötigten Einzelteile und die notwendige Steuerungselektronik. Ergänzende Forschungen komplettieren das Angebot auf diesem Gebiet, für das ein »Clusterverein Solarvalley Mitteldeutschland e.V.« die Zusammenarbeit mit Kommunen, Behörden, Instituten und Unternehmen koordiniert.

Auch bei alternativen Energien sind die Thüringer nicht untätig geblieben. Zwar hält sich bei der Windenergie wegen der fortschreitenden »Verspargelung« der Landschaft durch immer neue Windräder, wie es die Kritiker nennen, die Begeisterung in deutlichen Grenzen. Dagegen löst das Stichwort Biomasse zumeist positive Reaktionen aus. Wie zum Beispiel in den Gemeinden Günthersleben-Wechmar und Schwabhausen bei Gotha. Die Kommunen in der Burgenregion an den Drei Gleichen wollen künftig nicht mehr mit Öl oder Gas heizen, sondern Wohnhäuser und Einrichtungen auf ein

Die Herstellung von optischen Präzisionsgeräten hat in Jena Tradition: hier ein Carl-Zeiss-Mikroskop aus dem 19. Jahrhundert.

Für die dortige Versorgung mit Wärme erhält das Heizwerk Biogas aus dem benachbarten Mennewitz. Ergänzend wird in Spitzenzeiten ein Kessel mit Holzhackschnitzeln zugeschaltet.

Schulen für den Nachwuchs

Ein Standort für innovative Technologien wäre jedoch nur schwer vorstellbar ohne den wissenschaftlichen Nachwuchs. Dafür stehen in Thüringen fünf Universitäten und vier Fachhochschulen sowie elf Institute außerhalb von Hochschulen offen. In Ilmenau entwickelte sich das private »Thüringische Technikum« von 1894 in seiner über hundertjährigen Geschichte zu einer Technischen Universität auf anerkannt hohem Niveau. Die drei Säulen der Ausbildung – Technik, Wirtschaft und moderne Medien – wurden erst in jüngster Zeit um Studiengänge wie Optronik, Fahrzeugtechnik und biomedizinische Technik erweitert. Die Forschung konzentriert sich auf Mess- und Regelsysteme im Mikro- und Nanobereich, auf Antriebs- und Energietechnik sowie auf digitale Medientechnologien und Mobilkommunikation.

Grüner Fortschritt in Thüringen: Während die Windkraft (oben) schon wieder ihre Kritiker hat, wünscht man dem Elektroauto-Projekt »Colibri« (unten) eine sonnige Zukunft.

Wärmenetz umstellen, das aus eigenen Heizwerken gespeist wird. Und zwar durch das Verbrennen von nachwachsenden Rohstoffen in Form von Holzhackschnitzeln, die aus den Wäldern der Umgebung kommen sollen, aber auch von regionalen Unternehmen der Landschaftspflege. Ähnlich innovativ versorgt sich bereits das Bioenergiedorf Schlöben in Ostthüringen.

Als moderne Hochschule des Bauens und Gestaltens präsentiert sich die Bauhaus-Universität Weimar. Die über 20 Studiengänge an den Fakultäten Architektur, Bauingenieurwesen, Gestaltung und Medien reichen von Freier Kunst über Design, Webdesign, Visuelle Kommunikation, Mediengestaltung und Kultur bis zu Baustoffkunde, Verfahrenstechnik, Umwelt und Management. Neben den Bauingenieuren entwickeln vor allem die Architekten sowie die Mediengestalter rege Aktivitäten in der Forschung. Dazu gehören Stadtsoziologie und europäische Urbanistik, aber auch Kulturtechniken oder Medienmanagement. Die Anlehnung an das historische Staatliche Bauhaus, das ab 1919 in Weimar (später in Dessau und Berlin) zur wichtigsten Kunstschule der Moderne werden sollte, verstehen Studenten und Professoren als Aufforderung zu Experimentierfreudigkeit, Offenheit, Kreativität und Internationalität.

Wanderbares Thüringen

Freizeitparadies mit tiefen Wäldern und offenen Fernen

Als der Schriftsteller August Trinius 1902 den abschließenden achten Band zu seinem »Thüringer Wanderbuch« vorlegte, fühlte er sich »nach langer Fahrt, nach Irrungen und Wirrungen« am Ziel seiner Sehnsucht. Zwar habe das ehrgeizige Projekt »der ehrsamen Wissenschaft« so manches Kopfschütteln abgenötigt und »auch sonst manche recht unfreundlichen und unfrohen Angriffe erfahren müssen«. Dennoch sei er stets seinem Anliegen treu geblieben, »die Herzen wieder warm zu machen für die Schönheit der Heimat, ihren Stimmungsgehalt, ihre mehr und mehr in die dämmernde Vergangenheit versinkende Geschichte«. Hundert Jahre später steht Thüringen als Sehnsuchtsregion bei Wanderfreunden zu fast jeder Jahreszeit hoch im Kurs – Tendenz steigend.

Das Nebeneinander von landschaftlicher Schönheit und Zeugnissen einer langen Kulturgeschichte macht die Region zum Naturlehrpfad genauso wie zur Erlebnisroute von Bildungsreisen. Allenthalben wechselt das Landschaftsbild von ausgedehnten Wäldern mit Buchen und Eichen an den Rändern sowie Fichten und Tannen in den Höhen zu tief eingeschnittenen Tälern und üppigen Bergwiesen. Die Heilpflanze Arnika als Symbol des 2200 Quadratkilometer großen Naturparks Thüringer Wald verweist auf den großen Reichtum an seltenen Pflanzen- und Tierarten.

Aussichten und Einsichten

Wanderweg Nummer 1 ist zweifellos der Rennsteig auf dem Kamm des Thüringer Waldes. Auf exakt 168,3 Kilometern führt er zwischen Hör-

Die Arnika ist das Symbol des Naturparks Thüringer Wald.

schel an der Werra bei Eisenach bis nach Blankenstein an der Saale über Höhenlagen zwischen 430 und fast tausend Metern. Der Höhenweg ist Wasserscheide, Sprachgrenze und seit Jahrhunderten Durchzugsgebiet für Handel und Wandel. Er führt über breite Waldwege, ausgewaschene Hohlwege und gelegentlich auch über asphaltierte Straßen, durch tiefe Wälder oder entlang moorigem Gelände. Orte links und rechts des Weges bieten Möglichkeiten zu Einkehr und Übernachtung, aber auch zum Entdecken von Thüringer Tradition und Handwerk. Landesgeschichte kommt mit mehreren hundert Grenzsteinen in den Blick. An den 13 Dreiherrensteinen grenzten einst sogar jeweils drei Kleinstaaten direkt aneinander.

Für passionierte Rennsteig-Wanderer war der 28. April 1990 ein ganz besonderer Tag: Erstmals nach fast 40 Jahren konnten sie den Kammweg wieder am Stück zurücklegen. Jahrzehntelang fehlten die rund 15 Kilometer,

Thüringer Wald. Auf dem Kickelhahn bei Ilmenau schrieb Johann Wolfgang Goethe im September 1780 »Wandrers Nachtlied«, dessen berühmte erste Worte bis heute nicht nur Thüringer parat haben: »Über allen Gipfeln ist Ruh …« Hoch über Suhl setzten Wanderfreunde mit dem Herbert-Roth-Wanderweg dem Schöpfer des »Rennsteigliedes« ein besonderes Denkmal. Auf über 20 Kilometern kommt mehrfach die einstige Bezirksstadt in den Blick. Ihre ursprüngliche Struktur als altes Zentrum des Büchsenmacherhandwerks hat allerdings durch Bausünden in der DDR-Zeit erheblich gelitten.

Weiter Blick von den Höhen des Thüringer Waldes.

die auf bayerischem Gebiet verlaufen – sie waren vom Todesstreifen der innerdeutschen Grenze abgetrennt.

Sportlichen Ehrgeiz bedient seit 1972 der alljährliche GutsMuths-Rennsteiglauf mit Rekordläufen zwischen 28 und 37 Stunden für die gesamte Strecke. Für »gewöhnliche« Wanderer indes sind bei fünf Etappen schon Abschnitte zwischen 25 und 45 Kilometern genug. Nach 32 Kilometern, von Hörschel aus gerechnet, wird der Wanderer auf dem 916 Meter hohen Inselsberg bei klarem Wetter mit einem imposanten Panoramablick belohnt. Die zweite Etappe führt nach Oberhof mit Olympiastützpunkt, Sprungschanzen, Biathlonstadion, Bob- und Rennschlittenbahn sowie einem Langlauftunnel für das ganzjährige Skitraining. Im nahe gelegenen Rennsteiggarten wachsen über 4000 verschiedene Gebirgspflanzen aus aller Welt.

Im Gebiet um Oberhof, Zella-Mehlis und Suhl bieten Rundwege immer wieder überraschende Ausblicke und Fernsichten über den

Lebendige Reservate

Um der drohenden Zerstörung von Natur und Umwelt entlang des Rennsteigs zuvorzukommen, stellte die UNESCO schon 1979 ganz in der Nähe von Suhl mit dem Biosphärenreservat Vessertal eines der ersten deutschen Reservate dieser Art unter besonderen Schutz. Dem Wanderer öffnet sich dort ein 17 000 Hektar großes Areal mit ruhigen Bergwäldern, wo in wilden Bachläufen rot getupfte Bachforellen spielen und an den Ufern blühende Wiesen ihren würzigen Duft verströmen.

In einem weiteren Biosphärenreservat in der Rhön hat sich in den Jahrzehnten der Abgeschiedenheit durch die innerdeutsche Grenze ein ganz anderer Naturraum als intakte Kulturlandschaft erhalten: Über den »offenen Fernen« schweift der Blick weit hinein in die benachbarten Bundesländer Hessen und Bayern. Die unbewaldeten Hochflächen sind das Ergebnis umfangreicher Rodungen im Mittelalter. Daneben bestimmen artenreiche Buchenwälder das Landschaftsbild. Gut beschilderte Wege und Naturlehrpfade machen eine Rhön-Wanderung zu einem ganz besonderen Erlebnis.

Doch zurück zum Rennsteig. Zwischen Suhl und dem Kurort Masserberg erhebt sich mit 982 Metern der Große Beerberg als der höchste Thüringer Berg überhaupt. Am Südhang erinnert »Plänckners Aussicht« an den legendären »Vater der Rennsteig-Wanderung«. Der gothaische Offizier Julius von Plänckner bewältigte die Strecke 1830 in fünf Tagesmärschen. Und obwohl es für seine Endpunkte des Rennsteigs am Ruhlaer Häuschen in Hörschel und in Blankenstein keine historischen Anhaltspunkte gibt, setzte sich die Route nicht nur bei den Wanderern durch, sondern auch beim 1896 gegründeten Rennsteig-Verein.

Nach einer Rast an Plänckners Aussichtspunkt führt der nächste Abschnitt über Limbach nach Neuhaus, wo der Rennsteig seit Menschengedenken Rennweg heißt. Die Stadt auf einer Höhe von 835 Metern über dem Meer ist der am höchsten gelegene Ort Thüringens. In der »freien, allen Winden ausgesetzten Höhenlage« sei das Leben »ein Stück stilles Heldentum für die Ortsangesessenen«, weil sie »einen sieben Monate langen Winter mit allen Schrecken und Unbequemlichkeiten zu ertragen« haben, befand August Trinius schon vor hundert Jahren. Seine Beschreibung von Häusern, die »zuweilen bis zum Dache und noch höher im Schnee begraben liegen«, gilt trotz Klimawandels bis heute alle Jahre wieder.

Und der Wanderschriftsteller hat auch recht mit seiner Feststellung, den Menschen dort sei »nie ein rechter Frühling beschert«, da sie nach den Wintermonaten »gleich wie in

Russland mit Sturmschritten in den kurzen Sommer hineinspazieren«.

Wenige Kilometer weiter, in Ernstthal, verzweigen sich die Wege in mehrere Orte, für deren Naturell der Volksmund kurzweilige Sprüche fand:

Wenn nach Steinheid du wanderst
und spürst keinen Wind,
durch Steinach gehst
und siehst kein Kind,
nach Lauscha kommst
und fühlst keinen Spott,
Wanderer –
du hast Gnade vor Gott.

In nördlicher Richtung ist es nicht weit zum wildromantischen Tal der Schwarza, die aus den Höhen des Thüringer Waldes munter der Saale entgegenplätschert. In südöstlicher Richtung schließlich endet der letzte Abschnitt in Blankenstein und damit im Ostthüringer Schiefergebirge. In dem Natur-

An der Werra locken historische Gemäuer wie die Creuzburg.

Das große »R« des Rennsteigs begleitet den Wanderer über fast 170 Kilometer von Hörschel bis Blankenstein.

park mit der Region Obere Saale bestimmen neben dichten Wäldern auch tiefe Bachtäler das Bild. Dazu gehören ferner die großen Saaletalsperren Bleiloch und Hohenwarte als Paradies für Wanderer und Wassersportler sowie das Plothener Teichgebiet mit mehreren hundert Teichen inmitten einer sanften Hügellandschaft.

Wasserwandern auf dem alten Grenzfluss

Nach dem Wegfall der »Staatsgrenze DDR« zur Bundesrepublik kamen auch im westlichen Thüringen Natur und Landschaft wieder verstärkt in den Blick. Heute erstreckt sich an der Landesgrenze zu Hessen und Niedersachsen von Eisenach im Süden und bis nach Heiligenstadt im Norden mit dem Naturpark Eichsfeld-Hainich-Werratal eine weitere Wanderregion. Im Eichsfeld mit seinen großflächigen Hochplateaus und tiefen Tälern breiten sich in den Laubwäldern im Frühjahr schier endlose Matten blühender Märzenbecher, Himmelsschlüssel, Buschwindrös-

Auch eine beliebte Wanderregion: Eichsfeld und Werratal. Hier die berühmte Werraschleife bei Lindewerra.

chen oder Leberblümchen aus. Das Werratal westlich vom Hainich, dem einzigen Nationalpark in Thüringen, beeindruckt durch seine bis zu 100 Meter hohen Felswände, zwischen denen sich der Fluss in mehreren Schleifen den Weg nach Norden bahnt.

Die Wiedervereinigung hat auch das Wasserwandern auf dem alten Grenzfluss neu belebt. So führt etwa eine Kanutour von Bad Salzungen in das Stockmacherdorf Lindewerra abwechselnd durch Thüringen und Hessen und dabei über weite Strecken durch unberührte Natur. Zudem kommen immer wieder Burgen und andere historische Bauwerke in den Blick – von der Werra-Brücke zwischen dem thüringischen Vacha und dem hessischen Philippsthal über die Burgruine Brandenburg bei Lauchröden bis zur Liborius-Kapelle in Creuzburg oder Burg Normannstein in Treffurt. Bei Lindewerra schließlich verabschiedet sich der Fluss in einem majestätischen Bogen endgültig ins Hessische.

Sportler und andere Prominenz

Nicht nur im Wintersport sind Thüringer ganz vorn mit dabei

Winterspielen 1960 von Squaw Valley war der Skispringer Helmut Recknagel aus Steinbach-Hallenberg in seiner Disziplin der erste Olympiasieger eines nichtskandinavischen Landes. Ganz oben auf der Liste prominenter Sportler aus Thüringen steht schließlich auch die Eisschnellläuferin Gunda Niemann-Stirnemann. Ihren ersten EM-Titel holte sie 1989. In den folgenden anderthalb Jahrzehnten galt sie auf dem Eis als nahezu unschlagbar. Für ihre Leistungen stehen neben anderen allein acht olympische Medaillen, 19 Weltmeistertitel und ebenso viele Gesamtsiege im Weltcup sowie 34 deutsche Meistertitel.

Musik und Wintersport – zwei Thüringer Domänen. Während Yvonne Catterfeld (links) als Sängerin und Schauspielerin nicht nur ihre Landsleute begeisterte, holte Eisschnellläuferin Gunda Niemann-Stirnemann (unten) im Laufe ihrer Karriere acht olympische Medaillen und 19 Weltmeistertitel.

Wer einmal einen Wettkampf in der Oberhofer Biathlon-Arena miterlebt hat, weiß um die Thüringer Begeisterung für den Wintersport. Unter den Sportlerinnen und Sportlern, die dort seit 1983 vor der begeisternden Kulisse von Zehntausenden Zuschauern Rekorde liefen und Medaillen holten, lagen einheimische Athleten immer mit an der Spitze. Zuletzt war es vor allem die sympathische Kati Wilhelm, die den guten Ruf Thüringens hinaustrug in die internationale Welt des Sports. »Ich habe alles erreicht, was ein Sportler erreichen kann«, resümierte die 33-Jährige ihre 15 Jahre Hochleistungssport, als sie im Juli 2010 mit mehr als 2000 Thüringer Fans den Abschluss ihrer Karriere feierte – nach dreimal Olympiagold, fünf Weltmeistertiteln, einem Gesamtsieg im Weltcup und zahlreichen weiteren Top-Platzierungen.

Ein halbes Jahrhundert zuvor hatte bereits ein anderer Thüringer Wintersportler weltweit für Aufsehen gesorgt: Bei den Olympischen

… bekannt von Film und Fernsehen

Doch nicht nur im Wintersport sind Thüringer ganz vorn mit dabei. Der Opernsänger, Entertainer und Fernsehmoderator Gunther Emmerlich wird zwar wegen seiner Rollen an der Dresdner Semperoper gern von Sachsen vereinnahmt, stammt aber aus dem thüringischen Eisenberg.

Ursprünglich wollte er Bauingenieur werden, wechselte aber nach dem Studium in Erfurt 1972 ins Opernfach an der Musikhochschule in Weimar. Dort ebnete im gleichen Jahr ein Nachwuchswettbewerb auch der 16-jährigen Ute Freudenberg den Weg zur professionellen Ausbildung. In den Titeln der Sängerin, die 1996 nach zwölf mehr oder weniger erfolgreichen West-Jahren als Heather Jones wieder »zu ihren Fans in der Heimat« zurückkehrte, ist die hohe Schule des Weimarer Studiums nicht zu überhören. Ihr legendärer Titel »Jugendliebe« schaffte es bei den Hörern des Mitteldeutschen Rundfunks zum beliebtesten DDR-Hit aller Zeiten. Im ähnlichen Metier ist die Erfurterin Yvonne Catterfeld unterwegs, die als Sängerin und zudem in Film und Fernsehen erfolgreich ist. Nicht nur ihre Fan-Gemeinde hätte sie gern in der Titelrolle einer neuen Filmbiografie über die legendäre Romy Schneider gesehen. Doch der Vertrag kam nicht zustande.

Und noch ein weiteres junges Gesicht aus Thüringen kennt die gesamte Welt: Eva Padberg. Als 15-jährige Schülerin aus Bad Frankenhausen 1995 von der »Bravo« entdeckt, steht sie seither bei unterschiedlichen Firmen unter Vertrag. Als Topmodel pendelt sie zwischen ihrer Heimat und internationalen Fototerminen.

Einheimische, Zugezogene, Durchgereiste

Mit seinen Berühmtheiten früherer Zeiten bietet Thüringen eine ausgewogene Mischung von Einheimischen, Zugezogenen und Durchgereisten – von der heiligen Elisabeth im Mittelalter über die Weimarer Herzogin Anna Amalia, die »großen vier« der Weimarer Klassik und die Frühromantiker in Jena bis zum belgischen Kosmopoliten und Designer Henry van de Velde oder dem Bauhaus-Gründer Walter Gropius zu Beginn des 20. Jahrhunderts. An der Kunstschule lehrte damals neben anderen der Amerikaner Lyonel Feininger, der von seinen Radtouren durch die Dörfer Hunderte Skizzen mitbrachte. Die danach entstandenen Zeichnungen und Gemälde gehören mit zu den schönsten Landschaftsbildern aus Thüringen.

Von vielen Thüringer Literaten sind die Werke bekannter als die Namen. Wie etwa

Ein Thüringer Pionier der Pädagogik: Friedrich Fröbel (1782–1852).

Friedrich Fröbel.

Rechts:
Auch ein Thüringer Produkt: Meyers Konversationslexikon.

beim weihnachtlichen *O Tannenbaum* oder dem Kinderlied *Fuchs, du hast die Gans gestohlen*. Wer kennt heute noch den Dichter dieser Lieder, den 1780 geborenen Ernst Gebhard Salomon Anschütz aus Goldlauter bei Suhl? Immerhin veröffentlichte er einst ein *Musikalisches Schulgesangbuch* in drei Bänden. Der Weimarer Prinzenerzieher Johann Carl August Musäus sammelte im 18. Jahrhundert nebenher *Volksmärchen der Deutschen,* aus Ichtershausen bei Arnstadt kam Wilhelm Hey, dem kleine wie große Kinder Lieder wie *Alle Jahre wieder* oder *Weißt du, wie viel Sternlein stehen* zu danken haben.

Theodor Storm war zwischen 1856 und 1864 Kreisrichter in Heiligenstadt. Nicht zu vergessen unter den Literaten ist die Arnstädterin Eugenie John, die ab 1865 als »Marlitt« für die *Gartenlaube* schrieb und später mit dem *Geheimnis der alten Mamsell* unsterblich wurde. Die Schriftstellerin Ricarda Huch, die zwischen 1936 und 1947 in Jena lebte, gab

Walter Gropius wurde als Gründer des Bauhauses bekannt.

nach dem Zweiten Weltkrieg dem neuen Thüringer Landtag als Alterspräsidentin eindringliche Worte der Hoffnung mit auf den Weg: »Es sei dem Lande Thüringen beschieden, dass ihm niemals mehr im wechselnden Geschehen diese Sterne untergehen. Das Recht, die Freiheit und der Frieden.«

Der Erbauer der Brooklyn Bridge, Johann August Röbling, stammt ebenfalls aus Thüringen.

Kindergarten, Vogelpastor, Menschenaugen

Zu jeder Zeit gaben Thüringer oder Zugereiste wichtige Impulse für Handel und Wandel, aber auch für Wissenschaft, Bildung und Erziehung. Das zweite Rechenbuch des sächsischen Rechenmeisters Adam Ries(e) aus seiner Erfurter Zeit von 1518 bis 1523 gilt als wichtiger Wegbereiter für

die Ablösung der römischen Zahlen durch die heutigen Zahlzeichen und Rechenmethoden.

In Gotha begründete Johann Georg Justus Perthes 1785 die moderne Kartografie.

Friedrich Fröbel gründete 1837 in Bad Blankenburg mit seiner »Pflege-, Spiel- und Beschäftigungsanstalt« den ersten Kindergarten. Für die allgemeine Bildung gab Joseph Meyer aus Hildburghausen ab 1840 das erste »Conversations Lexikon« heraus. Aus der renommierten Verlegerfamilie stammte auch der Afrika-Forscher Hans Meyer, der 1889 als erster Deutscher auf dem Gipfel des Kilimandscharo stand.

Das Pfarrhaus in Renthendorf bei Jena war im 19. Jahrhundert nicht nur ein Ort der Einkehr und des Gebets, sondern auch der Wissenschaft. Pfarrer Christian Ludwig Brehm wurde mit seinem *Handbuch der Naturgeschichte aller Vögel Deutschlands* als »Vogelpastor« bekannt, und seinem Sohn Alfred Edmund (1829 bis 1884) verhalf das mehrbändige *Thierleben* zu Anerkennung als »Tiervater« in aller Welt.

Auch auf anderen Gebieten stehen Thüringer für so manche Neuerung aus dem Zeitalter der Industrialisierung. Der Ingenieur Johann August Röbling aus Mühlhausen, ein Pionier des Stahlbaus, konstruierte sein bekanntestes Bauwerk in den USA – die 1869 begonnene Brooklyn-Brücke in New York. In Thüringen baute Franz Ferdinand Greiner aus Stützerbach in dem Glasmacherdorf bei Ilmenau 1830 das erste deutsche Thermometer. In Lauscha stellte der Glasbläser Ludwig Müller-Uri 1885 erstmals ein Glasauge her, das dem menschlichen sehr ähnlich war. Der in Gotha geborene Klavierfabrikant Carl Bechstein gelangte mit seinen Instrumenten zu Weltruhm – allerdings in Berlin, wo seine Firma ab 1870 im Monat bis zu 500 Instrumente baute.

Aus Thüringen kam auch das allererste Auto, das in Deutschland die Zulassung erhielt: Sie galt 1899 einem »Wartburg« aus der Fahrzeugfabrik Eisenach AG, die der rheinische Schwerindustrielle Heinrich Erhardt gegründet hatte.

Thüringer Leben und Kultur

Thüringer Sprachverwirrung

Mundarten zwischen Hessisch, Fränkisch und Sächsisch

Natürlich sind auch zum Thema Mundarten von Goethe kluge Aussprüche überliefert. »Beim Dialekt fängt die gesprochene Sprache an«, stellte er einst apodiktisch fest, denn er wusste: »Jede Region liebt ihren Dialekt«, sei er doch eigentlich »das Element, in welchem diese Seele ihren Atem schöpfe.«

Er selbst war in Weimar mit seinem »frankforderischen Hessisch« vom Hochdeutsch eines Dichterfürsten weit entfernt, ganz zu schweigen vom schwäbelnden Dichterfreund Schiller. Der Zungenschlag der Residenzstadt gehört nach heutiger Zuordnung zum »Ilmthüringischen«, das auch Goethes Frau Christiane gesprochen haben dürfte. Daneben klang es im Umfeld des Dichters auch schon mal niedersächsisch, wenn Eckermann zugegen war, oder aber nach dem Schwyzerdeutsch von »Kunscht-Meyer«, des Malers und Kunstschriftstellers Heinrich Meyer (1760

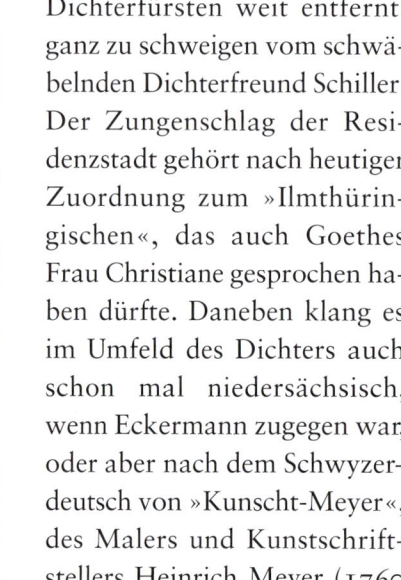

bis 1832), den der Dichter in Italien kennengelernt hatte.

Die aktuelle Thüringer Dialektkarte ist beinahe ebenso bunt wie ein Schulatlas mit Landkarten zur Kleinstaaterei. Wissenschaftlich erfasst sind die Mundarten im »Thüringischen Wörterbuch«, dessen sechster Band 2005 eines der größten Langzeitprojekte beendete. Seit den ersten Erhebungen 1907 schauten zwischen Werra und Pleiße, zwischen Südharz, Thüringer Wald und Rhön vier Generationen von Wissenschaftlern dem Volk aufs Maul. Gemeinsam mit Hunderten Helfern sammelten sie auf Zetteln, Karteikarten und später auf Tonbändern in mehr als 2800 Orten Millionen von Belegen für Wörter, Begriffe und Lautbildungen.

Doch im Wörterbuch reichen schon 100000 Stichwörter, um die thüringische Sprachverwirrung perfekt zu machen. Zumindest für den Außenstehenden. Dagegen erkennen Fachleute wie gelernte Thüringer ziemlich genau, woher das Gegenüber kommt. Dialekt sei zwar »verräterisch« und werde deshalb in der Fremde »absichtlich verborgen« oder »oft wider Willen preisgegeben«, sagt die Jenaer Volkskundlerin Christel Köhle-Hezinger. Generell aber bleibe Mundart, in der »auch heute geschimpft und liebkost wird«, die »akustische Markierung der Herkunft-Heimat« und »deren oft erstes und einziges Erkennungszeichen«.

Von wegen Sächsisch

So viel zur Theorie. In der Praxis der alltäglichen Kommunikation haben die Wissenschaftler für Thüringen neun Sprachräume ausge-

Diese Doppelseite:
Vielfältig wie die Menschen in Thüringen sind auch ihre Dialekte.

macht. Manche davon reichen über den heutigen Freistaat hinaus, weil sie den Grenzen aus den Anfangsjahren des Projekts folgen. Die zum Teil erheblichen Unterschiede betreffen einzelne Begriffe wie auch die Sprachmelodie. So ist in Südthüringen, wo »itzgründisch« und »hennebergisch« gesprochen wird, zwischen Sonneberg und der Rhön das charakteristische rollende R ebenso wenig zu überhören wie der Einschlag ins Fränkische.

Wenn etwa Thüringer in der Sonneberger Gegend in ihre Kneipe gehen, wollen sie »eas zisch« (ein Bier trinken). Wer dabei seine Grenze nicht kennt, ist bald »iémfull« (sturzbetrunken). Nur dumm, wenn dann bei einem Verkehrsunfall Autos »annanannernoa« (aneinander) stoßen und »britschabräät« (völlig breit, kaputt) sind. Da fällt im ersten Zorn schon mal schnell das Schimpfwort »Nexdaacher« (Schlitzohr, »Nichtstauger«). Wenigstens sollte der »Wouchn« (Wagen) nach einem Totalschaden an den Straßenrand geschoben werden.

Gegenüber dieser Kostprobe gilt für manchen Südthüringer alles, was jenseits des Rennsteigs liegt, bereits als Sachsen. Und tatsächlich klingt es überall zwischen Gotha und

Altenburg für fremde Ohren irgendwie sächsisch. Daran können weder regelmäßige Proteste von den Betroffenen gegen den ungeliebten Dialekt der Nachbarn noch die feinen Unterscheidungen in »Zentralthüringisch«, »Ilmthüringisch«, »Ostthüringisch« und »Südostthüringisch« etwas ändern.

Da werden aus »Kindern« schon mal »Kinger«, und der Apfel am Baum fällt nicht »herunter«, sondern »runger«. Die Eltern kommen nicht »bald«, sondern »balle« nach Hause, wo sie müde ins »Bette« fallen und nicht etwa ins Bett. Weil der Junge sich beim Spielen das »Been« aufgeschlagen hat, konnte er nicht mehr richtig »loofen«. Zudem war er nach dem Sturz »ungne rum dräcksch« (unten herum dreckig). Und auf dumme Fragen gibt es schon mal dumme Antworten: »Wie werd'n Es'sch geschriim?« – »Na, wie mar's spricht.« (Wie wird Essig geschrieben? – Na, wie man es spricht.)

»Asterix« auf Thüringisch

Das »Westthüringische« dagegen in der Gegend um Eisenach und im Wartburgkreis hört sich auffallend hessisch an. Nördlich davon sind im »Eichsfeldischen« mit Wörtern wie »mant« (für »nur«) oder »mang« (zwischen), »Kiepe« (Tragekorb) und »Pott« (Topf) bereits niederdeutsche Einflüsse lebendig.

Die Thüringer um Heiligenstadt, Worbis und Mühlhausen verwenden »nicht« in der

Kurzform »nit«, woraus irgendwann der Spitzname »Eichsfelder Nitten« entstand. Doch trotz der ausgeprägten Vielfalt an Dialekten sind Thüringer Mundartdichter gleich welcher Couleur nur selten über ihre Region hinaus bekannt geworden: die Kleinstaaten eben. Im 19. Jahrhundert sammelte August Ludwig in Jena fleißig »Schnärzchen« aus der Universitätsstadt und ihrer Umgebung, in Rudolstadt brachte es Anton Sommer zu gewisser Berühmtheit. Seine Prosafassung von Goethes *Erlkönig* erzählt, ein Vater sei »mit sein Jong iber Land geritten un erscht in d'r Nacht bei e Mordssturm widder heem

gekomm. M'r muss sich nur verwunnere, wie e Vater kann so unverstännig sei un mit e Kinne in so eener Dunkelheet un bei so e Heidenwetter eene Reese ongernehme …« Der einstige Jenaer Pädagogikdozent Albert Böhm veröffentlichte um 1920 unter dem Titel »Lauschaer Leut« Geschichten aus seiner Heimat, dem Glasmacherort südlich des Rennsteigs. In neuzeitlicher Dialektdichtung versuchte sich jüngst der pensionierte Postbeamte und Hobby-Heimatforscher Gerhard Axt aus Sondershausen: Unter dem Titel »Cäsarn sinn Jeschenke« textete er für die Mundart-Reihe der »Asterix«-Comics den 33. Band – im Dialekt seiner nordthüringischen Heimatstadt.

Oben: Der Mundartdichter Anton Sommer schuf eine thüringische Prosafassung von Goethes Erlkönig.
Unten: Die Glasbläserstadt Lauscha hat mit den dort üblichen Doppelnamen eine sprachlich-kulturelle Besonderheit.

Müllers und Greiners

Eine Besonderheit von Sprache und Dialekt in Thüringen sind die Doppelnamen von Lauscha. Sie gehen zurück auf die Gründer der ersten Glashütte von 1597, die dem Ort nicht nur den Aufschwung brachte, sondern auch immer mehr Nachfahren mit den Familiennamen der Hüttengründer Hans Greiner und Christoph Müller. Hinzu kamen ferner die Böhms, Köhlers, Leipolds, Eichhorns und andere. Weil gleiche Vornamen die Dopplungen mit der Zeit unüberschaubar

machten, erhielten die häufigsten Nachnamen irgendwann einen Zusatz. Das angehängte Charakteristikum des jeweiligen Trägers wurde später zum Bestandteil des Namens, von denen Albert Böhm einige in seinem Lauscha-Buch erläuterte.

Danach geht »Greiner-Schwed« auf einen Glasmacher des frühen 19. Jahrhunderts zurück, der vorübergehend in Schweden arbeitete. Nach seiner Rückkehr blieb er »dr Schwed«. Bei »Greiner-Wirth« liegen Herkunft und Bedeutung des Zusatzes ebenso auf der Hand wie bei »Böhm-Beck«, »Leipold-Beck« oder »Müller-Beck«. Die Entstehung von »Leipold-Schmend« indes hat wohl wenig schmeichelhafte Ursachen. Böhm schreibt, der »alte Schmand« habe »ömmr so gaschmatzt on gaschmanzt, wennr Bier gatronkn oddr gassn hot«, also beim Essen auffällig geschmatzt. Von den meisten wurde er deshalb »Schmatzer« oder »Schmand« genannt, woraus ein Hörfehler beim Aufschreiben »Schmend« machte. »Müller-Mops« soll auf den Ausruf einer Großmutter beim Anblick ihres Enkels als Säugling zurückgehen – »wie a kle Möpsla«, ein kleiner Mops. »Greiner-Fuchs« hat seinen Ursprung laut Böhm in einem rothaarigen Familienmitglied, und »Greiner-Langer« lässt unschwer auf die Körpergröße schließen. Auch eine frühere Thüringer Biathletin hat eher mit der Lauschaer Namensgeschichte zu tun als etwa mit einer Sonderregelung im deutschen Namensrecht: Die mehrfache Weltmeisterin Simone Greiner-Petter ist seit ihrer Heirat mit dem Kombinierer Silvio Memm mit einem dreiteiligen Familiennamen in der Geschichte des Thüringer Wintersports vertreten.

Thuringia cantat

Die Liste bedeutender Musiker und Komponisten ist lang

Die Feststellung »Thuringia cantat« – Thüringen singt – ist über die Jahrhunderte vielfach belegt. Am Anfang steht der legendäre Sängerkrieg auf der Wartburg, zu deren Blütezeit als Landgrafenhof auch Singen und Musizieren gehörten. Überragt aber wird die musikalische Vergangenheit der Thüringer ganz ohne Zweifel von dem Eisenacher Musikantensohn Johann Sebastian Bach (1685 bis 1750). Auch wenn sein Ruhm als einer der bedeutendsten Komponisten, Organisten und Kirchenmusiker vor allem mit Leipzig und dem Thomanerchor verbunden ist: Seine Wurzeln und ersten Erfolge hatte er in den Thüringer Landen. Daran erinnern die alljährlichen Bachwochen mit Konzerten an authentischen Stätten ebenso regelmäßig wie der Thüringer Orgelsommer und mehrere kleinere Musikreihen.

Johann Sebastian Bach lebte nach dem frühen Tod der Eltern zunächst bei seinem Bruder in Ohrdruf, bevor er an der Michaelisschule in Lüneburg sein musikalisches Talent gezielt perfektionierte. Bei der Rückkehr nach Thüringen gab er 1703 ein kurzes Gastspiel als »Laquey Baach« am Weimarer Hof. Doch weil er in dieser Stellung nicht nur künstlerische Aufgaben zu erledigen hatte, ging er kurz darauf als Organist nach Arnstadt. Dort galt er schon bald als der beste Musiker. Seine Suche nach künstlerischen Anregungen trieb ihn aber erneut in den Norden, wo er mit Dietrich Buxtehude einen wichtigen Vertreter seines Fachs wusste.

Nach seiner Rückkehr rechtfertigte er die Urlaubsverlängerung auf vier Monate, die er sich eigenmächtig gestattet hatte, vor den

Arnstädter Kirchenoberen mit dem Hinweis, er sei »zu Lübeck geweßen vmb daselbst ein und anderes in seiner Kunst zu begreifen«. Das war offenbar von so nachhaltiger Wirkung, dass er die Kirchgemeinde fortan – wie das Konsistorium befand – »durch viele wunderliche variationes« und »frembde Thone« verwirrte.

Andere sahen das anders: Wenn der gerade mal 20-Jährige an der Orgel saß, sollen zum

Oben: Die Bachkirche von Arnstadt, wo der Meister »viele wunderliche variationes« und »frembde Thone« machte.
Unten: Anna Magdalena Bach notierte in ihrem Notenbüchlein diese Melodie, die zum Thema der Goldbergvariationen wurde.

Oben: Ein musikalischer Großmeister des 17. Jahrhunderts war Heinrich Schütz. **Unten:** Michael Praetorius hieß eigentlich Michael Schultheiß.

Gottesdienst mitunter bis zu 1500 Besucher gekommen sein.

Zwei Großmeister

Nach einem kurzen Zwischenspiel als Organist in Mühlhausen ging Bach 1708 erneut nach Weimar, diesmal als Hofmusiker und Konzertmeister. Sein Jahrzehnt in der Residenz gilt als Zeit der frühen Meisterschaft. Das *Orgel Büchlein* (1713–1715) für den »anfahenden Organisten« und vieles mehr für Tasteninstrumente festigten seinen Ruf als Virtuose. Zudem komponierte er geistliche und weltliche Kantaten sowie höfische und andere Gelegenheitsmusik. Fachleute bringen auch Vorarbeiten für die »Brandenburgischen Konzerte« mit Weimar in Verbindung. Belege indes gibt es kaum, zumal die Musikbibliothek Opfer des Schlossbrands von 1774 wurde.

Bevor Bach Anfang 1718 nach Köthen wechselte, gab es allerdings mit den Weimarer Dienstherren heftigen Krach – vermutlich, weil der durchaus selbstbewusste Musiker auf der Anstellung am dortigen Hof bestand. So wurde er wegen »seiner halsstarrigen Bezeugung« kurzerhand für fast vier Wochen »auf der Landrichter-Stube arretiert«, wie ein Chronist schrieb. Köthen und schließlich Leipzig, wo er am 28. Juli 1750 starb, wurden die weiteren Stationen auf Bachs Lebensweg. Von seinen sechs Kindern aus der Weimarer Zeit erreichten nur vier das Erwachsenenalter. Unter ihnen war Wilhelm Friedemann Bach, der später in Dresden, Halle und Berlin Karriere als Musiker machte.

Im Jahrhundert vor Bach war Heinrich Schütz (1585 bis 1672) der musikalische Großmeister. Er verließ jedoch bald seinen Thüringer Geburtsort Köstritz, ging schon als Fünfjähriger mit seiner Familie nach Weißenfels und war nach Ausbildungs- und Lehrjahren in Kassel und in Italien ab 1617 Hofkapellmeister in Dresden. In seinen Chorwerken verknüpfte er Klage und Schwermut nach dem Dreißigjährigen Krieg kunstvoll mit italienischer Leichtigkeit. Seine Verbundenheit mit dem Thüringer Fürstenhaus der Reußen in Gera zeigen in besonderer Weise die »Musikalischen Exequien«, die er 1636 für die Trauerfeierlichkeiten von Heinrich Posthumus Reuß komponierte. Darin gestaltet Schütz die biblischen Psalmen, die der Fürst als Schriftschmuck für seinen Sarkophag ausgewählt hatte, zu einer eindrucksvollen Trauermusik. Auch die Schütz-Oper »Dafne«, die als erste deutsche Oper überhaupt gilt, wurde am Stammsitz der Reußen aufgeführt.

Mehr als nur die großen Namen

Zur Musik in Thüringen gehören jedoch mehr als nur die großen Namen. Ausgewählte Beispiele dafür bringt seit einigen Jahren die CD-Reihe »Thuringia cantat« mit klangvollen Einspielungen zu Gehör. Einmal mehr wird auch dabei deutlich, dass und wie sich Einheimische und Zugereiste sozusagen harmonisch ergänzten. Manche von ihnen machten zudem außerhalb Karriere. Johann Walter beispielsweise, der Freund Martin Luthers, wurde 1496 in Kahla bei Jena geboren. Weil ihm aber der Reformator 1524 die Kantorei in Torgau übertrug, wurde er nicht in Thüringen, sondern in Sachsen zum Begründer der protestantischen Kirchenmusik. Aus Creuzburg bei Eisenach kam 1571 der Pfarrerssohn Michael Schultheiß, der unter dem Namen Praetorius in mehreren deutschen Städten wirkte. Doch bekannter als der Komponist ist heute wahrscheinlich sein populärster Chorsatz – das vierstimmige Weihnachtslied *Es ist ein Ros entsprungen*.

Thüringer Stationen des Nürnberger Organisten Johann Pachelbel waren Eisenach (1677), Erfurt (1678) und Gotha (1692). Ebenfalls aus der Frankenmetropole stammt Johann Krieger, der 1678 Hofkapellmeister in Greiz wurde.

Philipp Heinrich Erlebach aus dem ostfriesischen Esens kam 1679 nach Rudolstadt und war dort zunächst nicht nur Musiker, sondern auch Kammerdiener. Als Kapelldirektor machte er die Residenz der Schwarzburger ab 1681 mit Motetten, Kantaten und Oratorien, mit Liedern, Ouvertüren und Opern zu einem wichtigen Zentrum der mitteldeutschen Musikkultur. Seine Ausstrahlung beflügelte nicht zuletzt das musikalische Leben in der kleinen schwarzburgischen Residenz Sondershausen in Nordthüringen. Die meisten von Erlebachs rund eintausend Kompositionen verbrannten jedoch beim Rudolstädter Schlossbrand von 1735.

Etwa zur gleichen Zeit, als Johann Sebastian Bach Michaelisschüler in Lüneburg war, sang der Schuldirektorensohn Johann Friedrich Fasch (1688 bis 1758) aus Buttelstedt bei Weimar im Leipziger Thomanerchor. Später war er unter anderem Organist in Greiz, bevor er ab 1722 die Stelle des Kapellmeisters am Hof von Anhalt-Zerbst übernahm. Einmal mehr war damit einer der herausragenden Musiker des mitteldeutschen Barock für Thüringen »verloren« – zumindest biografisch.

Zu den erfolgreichen Auswärtigen hierzulande gehörte Gottfried Heinrich Stölzel aus dem sächsischen Grünstädtel, der vor seinem Amt als Gothaer Hofkapellmeister ab 1719 bereits am Geraer Hof musizierte. Sein berühmtes *Christmas Oratorio* erklang erstmals in der Weihnachtszeit 1736/37 in Sondershausen. In Gotha war im Jahrhundert nach Stölzel Louis Spohr von 1805 bis 1812 Konzertmeister der Hofkapelle. Der Komponist und Dirigent stammte aus Braunschweig und feierte auch andernorts in Deutschland musikalische Erfolge. Last but not least gehört zur Thüringer Musikgeschichte auch Georg Philipp Telemann aus Magdeburg, der zwischen 1706 und 1712 die Eisenacher Hofkapelle leitete.

Silbernes Zeitalter

Als ein weiterer Zugereister in Thüringen verhalf der Ungar Franz Liszt (1811 bis 1886) nicht nur dem »silbernen Zeitalter« von Weimar zu wohlklingenden musikalischen

Dass bis heute in Thüringen bei allen möglichen Anlässen (hier beim Rosenfest in Dornburg) Chöre zu hören sind, geht auf eine uralte Tradition des Singens und Musizierens zurück.

Franz Liszt (1811–1886), der berühmte Klaviervirtuose, leitete jahrelang die Hofkapelle und das Musiktheater in Weimar.

Schwinds Elisabeth-Galerie nachhaltig inspiriert zu seinem Oratorium *Die Legende von der heiligen Elisabeth*. Zwei Jahre nach der Uraufführung von 1865 leitete Liszt eine Aufführung auf der Wartburg. Das Konzert war glanzvoller Höhepunkt des achthundertjährigen Burgjubiläums im soeben fertiggestellten Festsaal.

Musizierende Dörfer

Bei alledem ist »Thuringia cantat« lebendig in einer Form, für die es anderswo in Deutschland kaum Vergleichbares gibt. Umfangreiche Notenbestände und Dokumente aus mehreren Orten lassen für das 16./17. Jahrhundert auf äußerst musikalische Dorfbewohner schließen. So ist auf einer gedruckten Motettensammlung von 1623 aus Udestedt bei Erfurt ausdrücklich vermerkt, dass »die Bauern und Knechte und Jungen, ob sie schon die Woche lang hinter dem Pfluge hergehen, doch Sonn- und Festtage vor das Polt tretten und so wohl instrumentis als vocibus vivis musiciren«.

Solche Kantoreien mit musikbegeisterten Laien, den sogenannten Adjuvanten, gab es nach jüngsten Forschungen allein um die heutige Landeshauptstadt herum in 80 Dörfern. Dabei lassen die überlieferten Noten ein durchaus anspruchsvolles Repertoire erkennen. In den Inventarlisten von Udestedt fanden Wissenschaftler neben vielen »Kleinmeistern« auch Hinweise auf Heinrich Schütz oder Erlebach, aber auch auf Werke von Hans Leo Haßler, Orlando di Lasso und Andrea Gabrieli.

Darüber hinaus wird deutlich, dass die Adjuvantenchöre in den Thüringer Dörfern stets so etwas wie soziale Gemeinschaften waren. Sie sangen, musizierten und feierten gemeinsam auch jenseits der Kirchen, zumal ihnen die Unterscheidung der Lebenssphären in »geistlich« und »weltlich« ohnehin fremd war. Und nicht zuletzt teilten die Adjuvanten miteinander Freud und Leid.

Akzenten. Bei Konzertreisen durch ganz Europa gastierte der Klaviervirtuose 1841 erstmals in der Residenzstadt.

Im Jahr darauf wurde er außerordentlicher Kapellmeister, ab 1848 leitete er für zehn Jahre die Hofkapelle und das Musiktheater. Sein Weimarer Domizil wurde zum europaweit ausstrahlenden Musikzentrum und zu einem internationalen Treffpunkt. Darüber hinaus wirkte er in mehreren Thüringer Orten zwischen Meiningen und Jena.

Mit besonderem Interesse verfolgte er die Neugestaltung der Wartburg. Auf ausdrücklichen Wunsch des Weimarer Großherzogs Carl Alexander verewigte Moritz von Schwind den Komponisten im Fresko zum Sängerkrieg. Franz Liszt seinerseits fühlte sich durch

Von Cranach bis zum Bauhaus

Kunst und Künstler in den unterschiedlichsten Facetten

Für bildende Kunst ist Thüringen, so die weit verbreitete Meinung, nicht unbedingt die erste Adresse. Tatsächlich gab es hier keinen Balthasar Neumann, und für feudale Raumgestalter etwa von der Qualität der Tiepolos hatten die Duodezfürsten schlicht kein Geld. Gleichwohl ist durchaus sehenswert, wie Meister aus der zweiten Reihe den Residenzen zu Pracht und Glanz verhalfen. Die vielen Dorfkirchen waren fernab reicher Bischofssitze zumeist abhängig von der Gunst großzügiger Geldgeber. Aber trotz so mancher Verluste im Bildersturm nach der Reformation blieb den Kirchen ein beachtlicher Reichtum an sakraler Kunst.

Wie beispielsweise in der Dorfkirche von Bibra bei Meiningen: Als eine der wenigen Thüringer Kirchen bewahrt sie Arbeiten von Tilman Riemenschneider. Der Künstler wurde zwar um 1460 im thüringischen Heiligenstadt geboren, ist aber wegen seines langjährigen Wirkens in Franken als »Bildschnitzer von Würzburg« bekannt. Seine gotischen Altäre, Grabdenkmäler, Figuren und Reliefs aus Holz und Stein prägen die fränkische Landschaft vom Main bis zur Rhön.

Den Auftrag im einst hennebergischen Südthüringen hatte er dem Würzburger Bischof Lorenz von Bibra zu verdanken, der seinem Heimatdorf die St.-Leo-Kirche stiftete. Dafür bestellte er bei Riemenschneider fünf Altäre und ein Grabmal für seinen Vater, den Burgherrn Hans von Bibra.

Von den Schnitzaltären haben drei die Zeiten überdauert. Der Marienaltar wurde zur 500-jährigen Grundsteinlegung der Kirche 1992 umfassend restauriert.

Im Zeichen der gefiederten Schlange

Mit der Grabplatte für Lucas Cranach den Älteren an der Jakobskirche erinnert Weimar an den bedeutendsten Chronisten der Reformation. Doch dass der Maler, der die gefiederte Schlange seines Familienwappens zum künstlerischen Signet wählte, hier begraben liegt, ist letztlich ein Ergebnis der protestantischen Niederlage von 1547.

Denn Cranach folgte dem geschlagenen Kurfürsten Johann Friedrich nach der kaiserlichen Gefangenschaft 1552 auch in die neue Residenz, wo er im Jahr darauf hochbetagt starb.

In seinem letzten Lebensjahr war es mit der Produktivität früherer Tage längst vorbei. Diese hatten ihren Höhepunkt während seiner Zeit in Wittenberg erreicht. Dort entstanden nicht nur zahllose Lehrbilder zu zentralen Themen der lutherischen Theologie wie Gesetz und Gnade, Kindertaufe oder Schuld und Vergebung. Hier produzierten Cranach und seine Gesellen auch unzählige Bildnisse von Zeitgenossen, allen voran von Luther und seiner Frau Katharina von Bora.

Von dieser Massenproduktion künden heute weltweit in Museen und Sammlungen rund 1000 Bildtafeln – das Zehnfache der erhaltenen Dürer-Werke. Die stattlichen Bestände in der protestanti-

Lucas Cranach d. Ä. gehört zu den bekanntesten und auch den fleißigsten Künstlern des 16. Jahrhunderts. Hier sein Gemälde einer jungen Mutter mit Kind.

Die Treppenspirale im Hauptgebäude der heutigen Bauhaus-Universität Weimar entstand vor einem Jahrhundert nach Entwürfen Henry van de Veldes.

schen Hochburg Weimar erhielten 1549 durch die »Verrückung des Hoflagers« von Wittenberg in die neue Residenz prominenten Zuwachs.

Einige dieser Werke waren im Oktober 1992 das Objekt der Begierde von dreisten Kunsträubern. Sie entwendeten über Nacht im Schloss acht Gemälde, darunter Bildnisse der Sibylle von Cleve als Braut, Martin Luthers als Junker Jörg sowie von Luthers Frau Katharina. Die Bilder gehörten zum Stolz der Weimarer Sammlung, der Kunstraub traf einen der wichtigsten ostdeutschen Bestände ins Mark. Umso größer war allenthalben die Erleichterung, als die Gemälde mit einem geschätzten Gesamtwert von 64 Millionen D-Mark schon nach wenigen Wochen wieder auftauchten. Bei einer versuchten Weitergabe im niedersächsischen Northeim fasste die Polizei fünf Tatverdächtige.

Von der Natur zum Bauhaus

Rechts: Der Innenhof des Hauptgebäudes der Bauhaus-Universität.

Künstlerische Impulse über Thüringen hinaus gab ab 1860 die Weimarer Malerschule. Die Bedeutung dieser von Großherzog Carl Alexander begründeten Akademie für die Ent-

wicklung der Freilichtmalerei in Deutschland war jedoch lange Zeit in Vergessenheit geraten. Sie kam erst in jüngster Zeit wieder in den Blick. Im Gegensatz zu anderen deutschen Kunstschulen stand nämlich in Weimar die Landschaftsmalerei von Anfang an gleichberechtigt neben der Historien- und Genremalerei. Dabei spielte eine realistische Auffassung von Natur und Landschaft eine besondere Rolle. Sie verhalf der Schule mit Lehrern wie Arnold Böcklin, Franz Lenbach, Alexander Michaelis oder Theodor Hagen in ganz Deutschland zu großer Anziehungskraft. In der traditionell ländlichen Umgebung der Residenzstadt schärften sie den Blick der Schüler für die »Bildwürdigkeit« der Landschaft mit ihren vielen Motiven.

Dieser neue Blick in die unmittelbare Lebensumwelt der Menschen ließ die »Großherzoglich-Sächsische Kunstschule« zusam-

men mit der 1908 begründeten Kunstgewerbeschule Henry van de Veldes zu einem wichtigen Vorläufer für das Staatliche Bauhaus werden.

Die legendäre Einrichtung in Weimar sei jedoch stets »mehr als eine Schule« gewesen, befand der amerikanische Erfolgsautor Tom Wolfe (*Fegefeuer der Eitelkeiten*) in seiner berühmten Polemik gegen moderne Architektur: »Es war eine Kommune, eine spirituelle Bewegung, ein radikaler Zugang zur Kunst in all ihren Formen, ein philosophisches Zentrum, dem Garten des Epikur vergleichbar.« Sogar eine Reformdiät habe die Kunstschule unterstützt – ein »Mus von rohem, frisch geerntetem Gemüse«, das nur durch kräftige Gewürze nach irgendetwas schmeckte. Für die Frau von Direktor Walter Gropius, Alma Mahler, sei es das unvergesslichste Charakteristikum des Bauhaus-Stils gewesen, »wenn jemand nach Knoblauch aus dem Hals stank«.

Zweifellos war das frühe Bauhaus dem Expressionismus und dem Dadaismus näher als einer akademischen Bildungsstätte. Dennoch war das Ziel dieser »Werkstatt der Zukunft« eine neue Einheit von Kunst und Technik: »Das Bauhaus will Architekten, Maler und Bildhauer aller Grade je nach ihren Fähigkeiten zu tüchtigen Handwerkern oder selbstständig schaffenden Künstlern erziehen und eine Arbeitsgemeinschaft führender und werdender Werkkünstler gründen, die Bauwerke in ihrer Gesamtheit – Rohbau, Ausbau, Ausschmückung und Einrichtung – aus gleich geartetem Geist heraus einheitlich zu gestalten weiß.«

Kehraus-Fest und späte Aussöhnung

Walter Gropius war für das Praktische zuständig, Johannes Itten als Guru der damals trendigen Lebensreformbewegung Mazdaznan sorgte sich ums Spirituelle. Die Lehrlinge, Gesellen und Meister arbeiteten in Werkstätten wie Druckerei, Töpferei, Weberei, Tischlerei, Bühnenbild und in der Metallwerkstatt, hinzu kamen Formen- und Farbenlehre, Architektur, Baulehre und Freie Kunst. Lyonel Feininger, Gerhard Marcks, Paul Klee, Oskar Schlemmer und Wassily Kandinsky machten das Bauhaus als Lehrer weltberühmt.

Höhepunkt der ersten Jahre war die große Ausstellung von 1923. Daneben sorgten die Bauhäusler mit unkonventionellen Festen, Aufführungen der Bauhausbühne und der Bauhauskapelle in der Stadt für Aufsehen. Von Anfang an jedoch fanden sie auch heftige Ablehnung. Das konservative Weimar beklagte eine »einseitige und intolerante Herrschaft des extremen Expressionismus«. Die Kündigung der Arbeitsverträge durch die rechtslastige Landesregierung bedeutete 1925 das Aus. Von ihrem Gründungsort verabschiedete sich

Das Gropius-Zimmer der Universität ist eine Nachgestaltung aus dem Jahr 1990.

Welttheater auf 1700 Quadratmetern Leinwand: Werner Tübkes Bauernkriegs-Panorama glänzt durch Detailreichtum in der Manier alter Meister.

die wohl wichtigste Reformschule der Moderne mit einem großen Kehraus-Fest.

Bis 1932 wurde das Bauhaus in Dessau und anschließend bis August 1933 als Privatinstitut von Ludwig Mies van der Rohe in Berlin weitergeführt. Einziges Bauhaus-Gebäude in Weimar ist das von Georg Muche entworfene und von Gropius 1923 ausgeführte »Haus Am Horn« als Musterhaus für die damals geplante Bauhaus-Siedlung. 70 Jahre später stand die Idee Pate bei der Umwandlung eines innerstädtischen Militärgeländes in ein Wohngebiet. Die Siedlung »neues bauen am horn« ist seither so etwas wie die späte Aussöhnung mit den vertriebenen Bauhäuslern und zudem ein Hinweis darauf, dass die »Diktatur des rechten Winkels« nicht zwangsläufig Einfallslosigkeit und Monotonie bedeutet.

Zwischen Bewahrung und Diffamierung

Bei einem Blick auf die Moderne in Thüringen darf das Angermuseum in Erfurt nicht vergessen werden. Denn in der 1886 gegründeten städtischen Sammlung mit Kunst des Mittelalters, Fayencen und Landschaftsmalerei überstand ein expressionistisches Kunstwerk wie durch ein Wunder den Bildersturm der Nationalsozialisten.

Der renommierte »Brücke«-Künstler Erich Heckel hatte zwischen 1922 und 1924 einen Raum im Erdgeschoss mit eindrucksvollen Wandmalereien zum Thema »Lebensstufen« ausgestaltet. Als der Generalangriff der Nazis auf alles Moderne drohte, verstellten Mitarbeiter des Museums den Zugang zu dem ausgemalten Gewölbe. Sie verwendeten dabei kurz entschlossen einen mittelalterlichen Altarengel als Barriere.

Dagegen bekam der 1891 in Untermhaus bei Gera geborene Maler Otto Dix die Diffamierung durch die Nationalsozialisten als »entarteter Künstler« voll zu spüren. Dix, dessen Werk von Erfahrungen als Kriegsfreiwilliger ebenso geprägt ist wie von Halbwelt und Proleten, wurde 1933 als einer der ersten Kunstprofessoren der Dresdner Akademie entlassen. Das Verbot von Ausstellungen, die Einbeziehung in die Feme-Schau »Entartete Kunst« und die Beschlagnahme von 260 Arbeiten in öffentlichen Sammlungen folgten. Ein Bestand von 400 Blättern und Gemälden, zu denen Hauptwerke aus allen Schaffensperioden gehören, bildet den Grundstock für das neue »Kunsthaus Gera«, das der Ostthüringer Geburtsort dem markanten Vertreter der »Neuen Sachlichkeit« widmet.

Die »Sixtina des Nordens«

Auf dem Kyffhäuser bei Bad Frankenhausen sind moderne Kunst und Thüringer Geschichte in einzigartiger Weise verbunden. Dort, wo im Mai 1525 der Bauernkrieg des Luther-Widersachers Thomas Müntzer mit 6000 Toten sein blutiges Ende fand, erinnert seit 1989 das wohl spektakulärste Auftragswerk der jüngeren Kunstgeschichte an die damaligen Ereignisse. Das Bauernkriegspanorama des 2004 verstorbenen Leipziger Künstlers Werner Tübke sollte nach dem Willen der Auftraggeber die Niederlage auf dem Schlachtberg als eine Art Nationaldenkmal zelebrieren – die »frühbürgerliche Revolution« als revolutionäres Großereignis und die DDR als Vollender alles Revolutionären in der deutschen Geschichte. Doch Tübke malte alles andere als eine platte Allegorie. Vielmehr sprach er von der »metaphorischen Interpretation einer ganzen Epoche, der ökonomischen, geistigen, religiösen Vorstellungen der Zeit überhaupt«. Vor diesem Hintergrund prägte er den Begriff »Sixtina des Nordens«.

Das Panorama ist ein Werk der Superlative. Für die Rotunde aus Beton, die das Gemälde umgibt, wurde schon 1974 der Grundstein gelegt. Ab 1983 hatte Tübke in unmittelbarer Nähe ein Atelierhaus. Bei der Ausführung halfen ihm bis zu acht Künstlerkollegen. Die 123 Meter lange und 14 Meter hohe Leinwand aus einer russischen Weberei wiegt mehr als eine Tonne. Die Grundierung besorgten russische Spezialisten nach geheimen Rezepten der alten Ikonenmalerei. Partner in der damaligen Sowjetunion lieferten zudem zwei Tonnen feinster Farben und die dazugehörigen Pinsel.

Diese Rotunde auf dem Kyffhäuser beherbergt Werner Tübkes monumentales Gemälde zum Bauernkrieg des 16. Jahrhunderts.

Totentanz und Liebespaar

Tübke selbst ließ sich die völlige künstlerische Freiheit mehrmals vertraglich garantieren. Er wollte dem Betrachter »voll und überraschend die Lebens- und Denkbilder der Menschen von damals« anschaulich machen. Seine abschließende Signatur setzte er am 16. Oktober 1987 unter das Motiv des Lebensbrunnens. Damit fand die künstlerische Arbeit am »theatrum mundi« (Welttheater) nach über elf Jahren ihren Abschluss.

Im großen Saal mit einem Durchmesser von 40 Metern haben mittlerweile mehr als zwei Millionen Besucher auf den mehr als 1700 Quadratmetern Bildfläche mit 3000 Figuren eine Welt entdeckt, die ganz offenkundig aus den Fugen geraten ist: Kämpfe und Feste, Totentanz und Liebespaar, Handwerker und Klerus, Adel und Bauern, Propheten und Dämonen. Der überwältigende Detailreichtum in der Manier alter Meister ist für die Mehrheit der Betrachter von einer zeitlosen Faszination. Sie überstand nach dem Ende der DDR auch die Diskussionen um den vermeintlichen oder tatsächlichen »Staatskünstler« Tübke.

Gartenzwerge und Christbaumschmuck

Lebendiges Handwerk hat eine lange Tradition

Wie so oft bei wichtigen Dingen, liegen auch die Anfänge der Gartenzwerge im Dunkel der Geschichte. Keinen Zweifel jedoch gibt es für die selbsternannten Gartenzwergkundler an der Thüringer Herkunft der bunten Figuren.

Seit 1996 ist ihnen in Trusetal bei Schmalkalden der »Zwergen-Park Trusetal« gewidmet, dessen Mitarbeiter sich als Gnomologen dem kulturgeschichtlichen Phänomen der Zwerge in besonderer Weise verpflichtet fühlen. Als Geburtsort des kleinen Völkchens gilt die Keramikfabrik von Philipp Griebel in Gräfenroda, die zunächst ab 1874 Tierköpfe und Tierfiguren herstellte. Neben Griebel ist der Gräfenrodaer August Heissner mit seiner Firma der zweite Stammvater der »Gnömchen«, die wohl um 1880 erstmals in Serie gingen. Doch nichts Genaues weiß man nicht. Als vermutetes Geburtsjahr wurde irgendwann 1883 festgelegt. Für 1886 jedenfalls haben Gnomologen die älteste Abbildung von Gartenzwergen aus Terrakotta nachgewiesen.

Denn nur diese sind die wahren. Alle späteren Versuche aus Kunststoff oder anderen Materialien finden vor den Anhängern der reinen Lehre keine Gnade.

Einen ersten Boom erlebten die Gartenzwerge mit der zunehmenden Verbreitung der Schrebergärten um 1900. Allein in Gräfenroda hatten damals 15 Terrakottawerke vollauf damit zu tun, die wachsende Nachfrage zu bedienen. Ihr Siegeszug führte die Zwerge 1910 bis ins ferne Amerika, wo den ersten Zipfelmützenträgern im kalifornischen Pasadena bald unzählige Artgenossen folgen sollten. Auf der südenglischen Insel Wight bevölkern sie seit 1934 einen Zwergengarten bei Blackgang Chine.

Obskurer Glaubenskrieg

In ihrer Heimat indes wurden die Gartenzwerge nach dem Zweiten Weltkrieg zum Opfer eines obskuren Glaubenskrieges. Weil die harmlosen Figuren in Vorgärten, auf Gartenterrassen und auf Spielwiesen angeblich einen kleinbürgerlichen oder gar reaktionären Geist verbreiteten, wurden sie in Thüringen 1948 von der sowjetischen Besatzungsmacht verboten – zumindest vorübergehend.

Denn sehr schnell erkannten die ostdeutschen Wirtschaftslenker das ungeahnte Potenzial der Zipfelmützen für den Export in den Westen. Dort boomte in den 50er-Jahren das Geschäft, wovon auch Firmengründer profitierten, die sich zuvor angesichts ungewisser Perspektiven aus Thüringen abgesetzt hatten.

Während Erich Griebel damals nach Baden-Württemberg ging, führte sein Bruder Willi das elterliche

Rhöner Krippen genießen wegen ihrer hohen kunsthandwerklichen Qualität einen guten Ruf.

Unternehmen in Gräfenroda weiter – mit allen Problemen zwischen sozialistischer Planwirtschaft und Verstaatlichung. Die Wiedervereinigung ermöglichte der nächsten Generation den Neubeginn unter völlig anderen Vorzeichen. Heute bietet die Thüringer Firma ein buntes Sortiment, zu dem etwa Bert der Schelm gehört und Balduin mit der Laterne, der Horst mit den Händen unterm Bart oder aber der Kantenhocker Josef. Wer es jedoch eher frecher mag, kann sich Susi in Dessous auf die Wiese stellen oder Michels Bruder als Spanner.

Doch Vorsicht: Gartenzwerge sind kein Privatvergnügen! Das ist, zumindest für Deutschland, in mehr als nur einem Fall höchstrichterlich klargestellt. In Hamburg musste ein Hauseigentümer die Zwerge entfernen, weil sich eine Mieterin visuell beleidigt fühlte. Schwierig kann es auch werden, wenn sich das Gnömchen mit heruntergelassenen Hosen oder dem Nachbarn den Stinkefinger zeigt. Wer allerdings eine ungeliebte Zipfelmütze längere Zeit duldet, hat später mit einer Klage vor Gericht kaum eine Chance.

Vom Garaus jedoch, den die flotten West-68er den Gartenzwergen bereiten wollten, hat sich das Völkchen längst erholt. Im Thüringer Zwergen-Park lässt sich nach der Begrüßung mit »Zipfel auf!« ganz entspannt eine Gnomenwelt mit mehr als 2500 Artgenossen aller Couleur entdecken.

Glasbläser vor der Lampe

Zu den ältesten Handwerkstraditionen in Thüringen gehört zweifellos die Herstellung und Verarbeitung von Glas. Glashütten erlebten im Thüringer Wald eine erste Blüte schon im 14. und 15. Jahrhundert. Die natürliche Umgebung bot die Rohstoffe, aus denen bei etwa 1500 Grad Celsius Glas wird – Quarzsande, Kalk, Pottasche –, ebenso wie das Holz für die notwendige Hitze im Schmelzofen. Wer es genauer wissen will, kann sich im Lauschaer Museum für Glaskunst informieren. Dort ist auch

zu erfahren, dass gläserne Gerätschaften einst Luxus waren, etwas Besonderes für den Adel und den hohen Klerus, die die Glasmacherzunft entsprechend privilegierten. Seit dem frühen 19. Jahrhundert setzte sich neben der Hüttenarbeit die Glasbläserei durch, die schließlich auch den Christbaumschmuck hervorbrachte. Bei der Arbeit »vor der Lampe« wird ein Glasrohr unter ständigem Drehen so lange über der offenen Flamme erhitzt, bis der Glasbläser die heiße und dickflüssige Masse aufblasen und so in die gewünschte Form bringen kann.

In den Thüringer Glasmacherorten können Besucher in zahlreichen Schauwerkstätten miterleben, wie dank Fingerspitzengefühl und Augenmaß in nur wenigen Minuten ein rot glühendes Stück Glas zum filigranen Kunstwerk wird. Selbst der große Designer Henry van de Velde äußerte sich 1913 begeistert über eine Lauschaer Glasbläserwerkstatt, wo »ein einzelner Mann voll Andacht arbeitet, im Frieden der Traumstimmung dieser zerbrechlichen und kapriziösen Tierchen«. Zugleich aber kritisierte er, die Fantasie bei Weihnachtskugeln schrecke »vor nichts zurück« und verwandle »einen schönen edlen Baum in eine Götzenbeschwörung«.

Seine Warnung scheint hundert Jahre später aktueller denn je. Mittlerweile ermöglichen Automatenanlagen nach dem Prinzip »Vor der Lampe« rasant gestiegene Stückzahlen bei Verlust des Handwerklichen. Gleichwohl ist Glasbläser auch in Thüringen ein anerkannter Ausbildungsberuf geblieben. Die Fachrichtungen reichen von Tierfiguren und Ziergläsern über Christbaumkugeln und anderes Dekor bis zur Herstellung von künstlichen Menschenaugen.

Beliebt, belächelt und manchmal auch bekämpft: Die Gartenzwerge sind echte Thüringer.

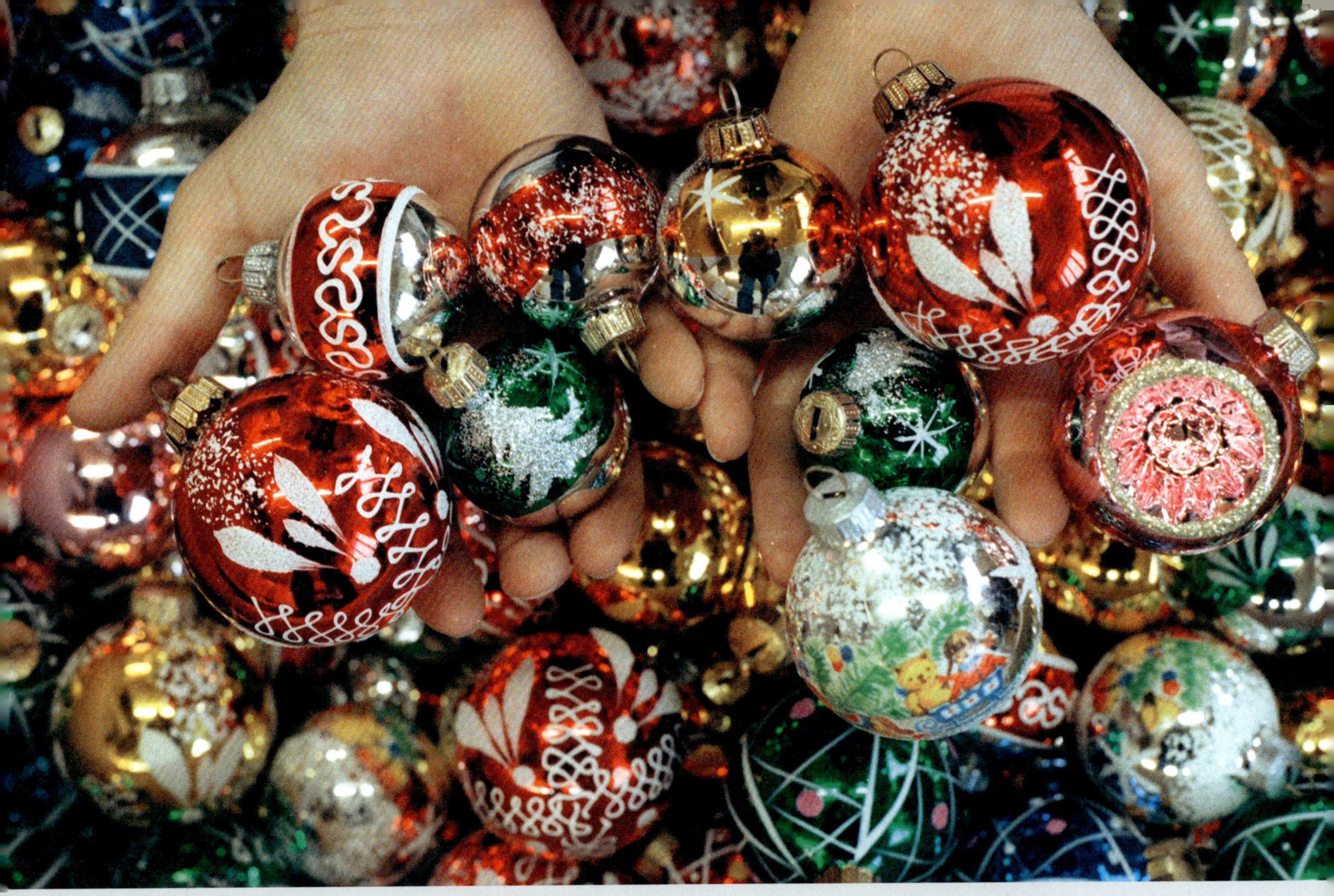

Viermal alte Hand-werks-kunst

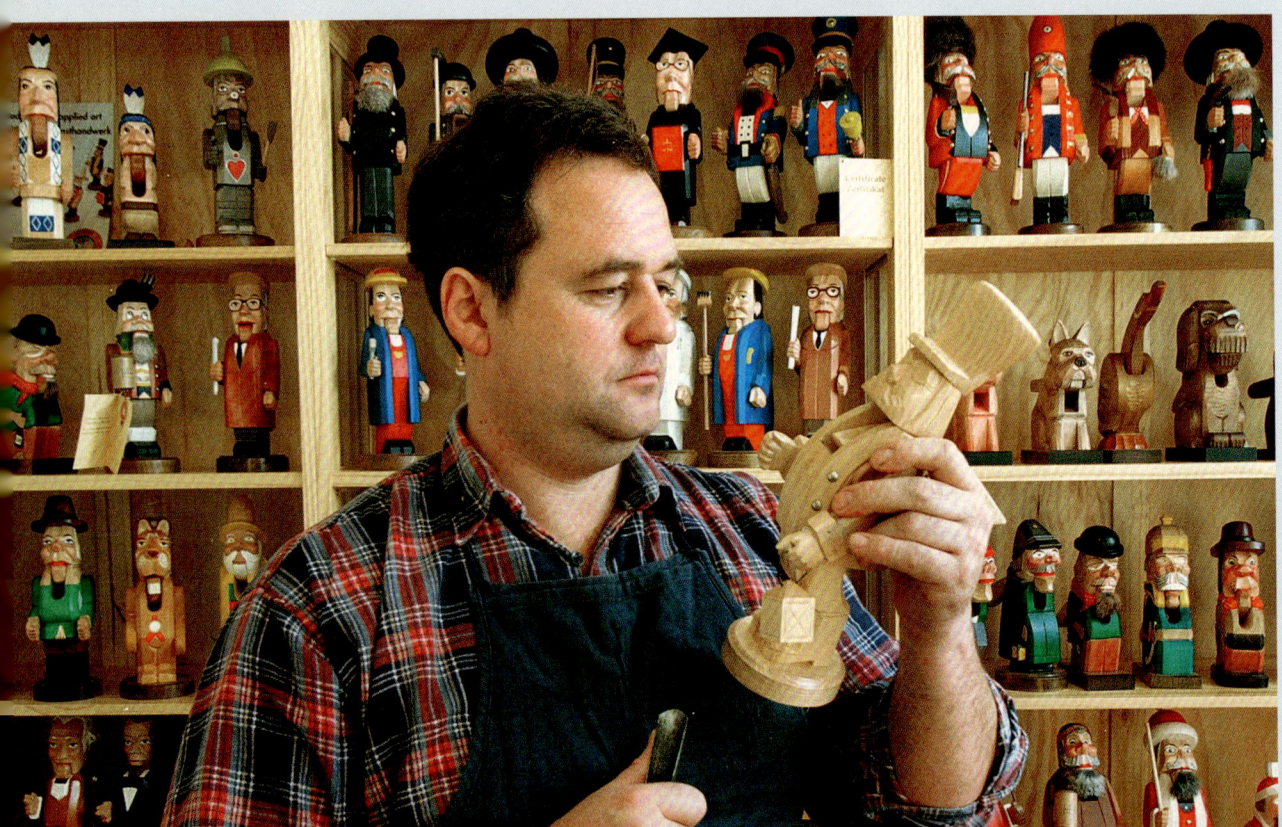

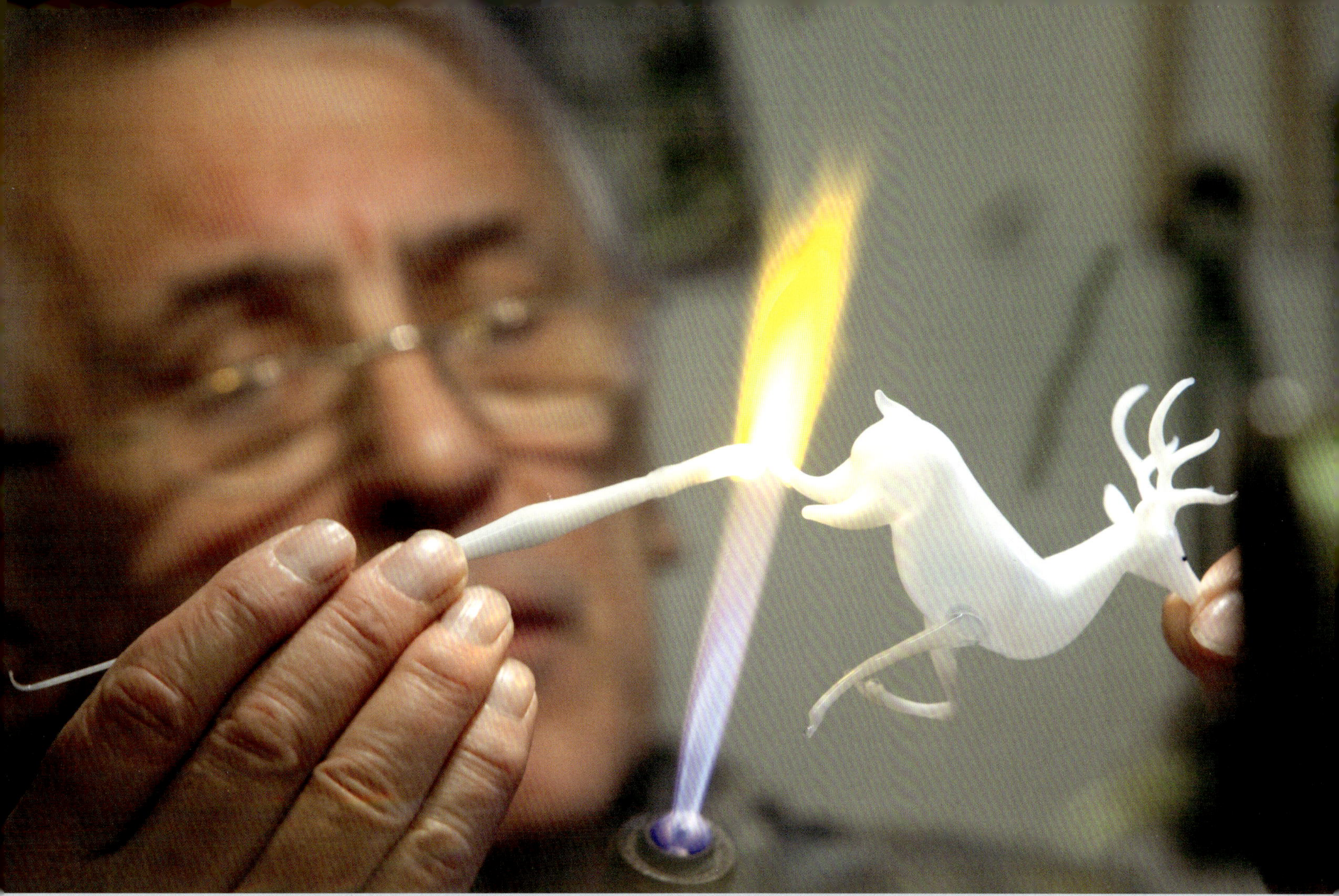

Alles Handarbeit: Christbaumkugeln aus **Lauscha** (links oben). Tierglasbläser Helmut Greiner-Petter aus **Lauscha** arbeitet an einer Hirschfigur (rechts oben). Holzschnitzer Alfred Schmidt aus **Empfertshausen** legt letzte Hand an einen Nussknacker an (links). Das Thüringer Töpferhandwerks wird im Keramikmuseum in **Bürgel** lebendig (rechts).

1762

Aelteste Volkste

Traditionsreich: In Volkstedt wird seit 1762 bis heute Porzellan hergestellt, was in Firmennamen und -logo eines dort ansässigen Unternehmens stolz zum Ausdruck gebracht wird.

Porzellan und Keramik

Die erste Thüringer Töpferinnung gab es 1660 in Bürgel. Zum Kennzeichen für das Bürgeler Steinzeug wurde sein blau-weißes Dekor. Während die Entwicklung des Handwerks im Keramikmuseum der kleinen Stadt beschrieben wird, zeigen die alljährlichen Töpfermärkte die jeweils aktuellen Trends. Um neue Formen bemühte sich schon die Keramikwerkstatt des Weimarer Bauhauses, die zunächst in der Töpferei der Brüder Max und Karl Krehan in Dornburg eingerichtet wurde. Mit dem Umzug in die »Marstallwerkstatt« an den Dornburger Schlössern verbesserten sich die Möglichkeiten zum Experimentieren, wozu sich die Bauhäusler besonders von ethnografischer Literatur über Afrika und Asien anregen ließen.

Die Bauhaus-Werkstatt ist besonders verbunden mit ihrem »Formmeister«, dem Bildhauer Gerhard Marcks, aber auch mit Designern wie Otto Lindig, Theodor Bogler oder Marguerite Friedlaender-Wildenhain.

Porzellan wurde in Thüringen 1760 erfunden und damit rund 50 Jahre später als in Meißen. Die erste Manufaktur eröffnete Georg Heinrich Macheleid 1762 in Volkstedt. Sie lieferte Service für Kaffee, Schokolade und Tee sowie Leuchter, Vasen und Figuren. Das Rohmaterial für das »Weiße Gold« kam zumeist aus dem Schiefergebirge. Die zahlreichen neuen Betriebe brachten auch Arbeit für Glasmaler, die mit dem Rückgang der Glasmalerei ihren Job verloren hatten. Allein die Porzellanmanufaktur Rauenstein beschäftigte 1802 über 40 Buntmaler und 17 Blaumaler.

Häufig lieferten die Manufakturen »weiße Ware« ohne jegliches Dekor, die anschließend in Heimarbeit kunstvoll bemalt wurde. Neben dieser »Winkelmalerei« kamen im Biedermeier zunehmend Bildplatten aus Porzellan in Mode. Für den Wandschmuck in der guten Stube nutzten die Porzellanmaler vor allem beliebte Motive alter Meister wie etwa der Sixtinischen Madonna von Raffael, Porträts oder Landschaftsbilder. Daneben bemalten sie auch Pfeifenköpfe aus Porzellan. Die feine und teure Kleinarbeit der Porzellanmaler wurde jedoch bald von einem fotografischen Umdruckverfahren verdrängt.

Schnitzkunst aus der Rhön

Für Thüringer Schnitzkunst steht vor allem Empfertshausen in der Rhön. Die 1835 gegründete Holzschnitzerei Bley ist die älteste im Ort und arbeitet mittlerweile in der sechsten Generation. Hochbetrieb ist jeweils in den Wochen vor Weihnachten. Auf Messen und Weihnachtsmärkten in ganz Deutschland ist die Nachfrage nicht selten größer als das Angebot in den Musterkoffern, die »Rhöner Bauernkrippe« gibt es nur auf Vorbestellung.

Empfertshausen ist in der Region das bekannteste Holzschnitzerdorf. Nach einer alten Statistik kamen 1875 auf 80 Häuser mit 475 Einwohnern 50 Schnitzwerkstätten. Drei Jahre später begann eine Schnitzschule mit der Ausbildung des Nachwuchses. Mit den ersten Gesellenprüfungen 1883 wurde das Kunsthandwerk als Berufsstand anerkannt. Formen und Figuren der Rhön-Schnitzerei sind seither unverwechselbar. Die schlichten, volkstümlichen Figuren spiegeln den Charakter des Landstrichs und seiner Bewohner, die von ländlicher Arbeit geprägt sind – Bäuerinnen und Bauern, der sagenhafte »Rhönpaulus«, Waldarbeiter, Handwerker, Nachtwächter aus vergangenen Tagen oder auch Trunkenbolde und Tiere.

Nicht zu vergessen sind Krippenfiguren und andere christliche Motive. Sie überdauerten selbst die Verstaatlichung in der DDR, als sich die Privatfirmen der Region dem »VEB Rhönkunst« anschließen mussten. Seit 1991 gehört die Schnitzerei Bley wieder der Familie. Mit staatlichen Restriktionen haben die Inhaber nicht mehr zu kämpfen. Dafür aber mit billigen Schnitzereien aus Maschinen. Gegen solche Billigimporte setzen sie authentische Rhön-Schnitzerei in solider handwerklicher Qualität.

Feste und Feiern

Volksfeste und Traditionen mit Geschichte

Alle Jahre wieder ist es das gleiche Schauspiel. Wenn drei Tage lang über 300 000 Menschen das beschauliche Weimar bevölkern, ist dies ein untrügliches Zeichen für den Zwiebelmarkt.

Immer am zweiten Wochenende im Oktober ist es so weit. Was vor über 350 Jahren als gewöhnlicher Herbstmarkt begann, ist mittlerweile eines der größten Volksfeste in Thüringen – mit Ratsherrenfrühstück, Zwiebelmarktkönigin und manch anderer Folklore. Alles dreht sich dabei um die Zwiebel. Sie kommt als geflochtener Zwiebelzopf von mini bis meterlang daher, als Püppchen mit Kopftuch und Schürze, als herzhafter Belag auf dem Zwiebelkuchen oder als deftige Zwiebelsuppe. Neben Obst, Gemüse und Kräutern gibt es allerlei mehr oder weniger typisches Kunsthandwerk und natürlich viel Essen und Trinken.

An diesen mitunter schon recht kalten Herbsttagen weht dann nicht der Geist der Klassik über der Stadt, sondern der Duft von frischen Gewürzen und unzähligen Rostbratwürsten (original Thüringer, versteht sich!) auf den ebenso unzähligen Grillständen.

Während heutzutage jeder von allem genug bekommen kann, war der Zwiebelmarkt in der DDR immer auch ein begehrter Ort für Raritäten. Zu denen eben auch Zwiebeln gehörten, die aus unerklärlichen Gründen fast jederzeit auf der immerwährenden Mangelliste der Ostdeutschen standen. Glücklich konnte sich schätzen, wer dank entsprechender Tauschobjekte mit den Marktfrauen oder den Meistern der Zwiebelzopfbinderei aus dem 40 Kilometer entfernten Heldrungen ins Geschäft kam. Da wechselte auch schon mal

Christbaumschmuck aus dem Thüringer Wald oder Nippes aus Glas und Porzellan fürs traute Heim den Besitzer.

Bei alledem war und ist der Weimarer Zwiebelmarkt immer auch eine lebendige Erinnerung an die Geschichte der Stadt jenseits von Residenz und Hochkultur. Weimar war in seinem Kern immer eine kleine Ackerbürgerstadt

In der DDR eine wichtige »Warentauschbörse«, heute Volksfest: der Weimarer Zwiebelmarkt.

Open-Air-
Spektakel,
Historien-
spiele,
Tanzfeste

Mittelalter wird lebendig bei den Prinzenraub-Festspielen in **Altenburg** (links oben).
Ein Fest für Auge und Ohr: die Domstufenfestspiele in **Erfurt** (rechts oben).
Beliebter Treff vor historischer Kulisse: der **Erfurter Weihnachtsmarkt** (links).
Vom biederen Volkstanzfest in DDR-Zeiten zum Weltmusikfestival: das **TFF in Rudolstadt.** Aber auch einheimische Traditionen werden weiter gepflegt – wie hier beim Auftritt des Folkloretanz-Ensembles Rudolstadt (rechts).

(und ist es auch geblieben, wie Kritiker meinen). Auf ihren Straßen und Plätzen ging es lange betont ländlich zu. Noch 1695 musste per Verordnung festgelegt werden, dass der Markt wenigstens zweimal pro Woche vom Mist zu reinigen ist. Misthaufen spielten bei der Straßenreinigung noch 1759 eine große

Beim Luther-Fest in Eisenach gibt es Freilichtspiele rund um das Leben des Reformators und seine Zeit zu sehen.

Rolle. Die Beseitigung der Scheunen aus dem Stadtbild wurde erst 1771 verfügt. Man lebte über Jahrhunderte hauptsächlich von Landwirtschaft und vom Handel mit den umliegenden Dörfern. Wohlhabend oder gar reich ist man davon nicht geworden. »So weit man in der Geschichte unserer Communalverwaltung zurückgehen kann, war der Stadtrath stets in tiefer Geldnoth«, bilanzierte noch 1837 eine Chronik.

Ritterspiele und Trachtenfeste

Für Thüringen ist der Weimarer Zwiebelmarkt so etwas wie der krönende Abschluss für die ganzjährige Saison der Feste und Feiern. Gotha

erinnert regelmäßig mit dem Gothardusfest an seinen mittelalterlichen Stadtpatron. Das Erfurter Krämerbrückenfest ist ein typisches Altstadtfest mit buntem Treiben für Jung und Alt. Auf zahlreichen Thüringer Burgen wird mit Ritterspielen und zünftigen Bräuchen das Mittelalter lebendig – oder das, was heutige Generationen von Burgfräuleins, Gauklern, Händlern und Handwerkern dafür halten. Als größtes mitteldeutsches Historienspektakel dieser Art feiert sich das Luther-Fest in Eisenach. Abendliches Freilufttheater mit Spielszenen um den Reformator und seine Zeit ergänzt hier das Markttreiben.

Neben den üblichen Festen und Feierlichkeiten wie Kirchweih und Ortsjubiläum, Brunnen-, Frühlings- oder Weinfest erlebten in den vergangenen Jahren vor allem Trachtenfeste einen deutlichen Aufschwung. Was jahrelang unbeachtet auf Dachböden schlummerte und allgemein als überlebt und aus der Zeit galt, eroberte seit den 90er-Jahren wieder verstärkt die Thüringer Straßen und Plätze. Dazu wurden Vereine gegründet, alte Trachten repariert und neu aufgebügelt, erste Umzüge und Treffen organisiert – landesweit, bundesweit. Noch immer hat Thüringen neben Mecklenburg-Vorpommern als einziges Bundesland im Osten einen eigenen Landestrachtenverband mit mehr als 80 Mitgliedern, und um den Nachwuchs kümmert sich die Trachtenjugend. Sie alle wollen im farbenprächtigen Gewand vergangener Zeiten an frühere Lebensweisen erinnern und in regional unterschiedlicher Farbe, Form und Ausstattung zugleich ihre Verbundenheit mit Heimat und Tradition zum Ausdruck bringen. Besonders eindrucksvoll gelingt dies bei schwungvollen Tänzen in Festtagstracht.

Spektakel unter freiem Himmel

Geschichten wie um den Altenburger Prinzenraub sind der Stoff, aus dem erfolgreiche Sommerfestspiele sind. Einen ersten Anlauf dazu gab es schon 1955 zur 500-jährigen Wiederkehr des schröcklichen Ereignisses.

nischen Landesteilung von 1485 lebendig werden. Es geht um den tapferen Ritter Kunz von Kauffungen, der im Krieg der kurfürstlichen Brüder aus dem Hause Wettin um ihr Erbe auf der Seite des Verlierers landete und deshalb für seine Verluste entschädigt werden wollte. Das blieb ihm jedoch versagt, weshalb er zum

Gruss aus Thüringen.

Die Wiederentdeckung der Thüringer Tracht zum Anfang des letzten Jahrhunderts hängt nicht zuletzt mit dem Aufkommen des Fremdenverkehrs zusammen, wie diese alte Postkarte beweist.

Die Wiederentdeckung der Thüringer Tracht

Ihre Blütezeit als Kleidung des bäuerlichen Standes erlebten die Thüringer Trachten zwischen 1750 und 1850. Mit der Industrialisierung gerieten sie jedoch in Vergessenheit, bevor sie Fremdenverkehr und Tourismus zu Beginn des 20. Jahrhunderts wiederentdeckten.

Um die Freude an der althergebrachten Kleidung »allenthalben neu« zu wecken, veranstaltete 1907

der soeben gegründete »Verein zur Erhaltung der Volkstrachten im Herzogthum Gotha« in der Residenz ein erstes Trachtenfest. Im Jahr darauf sollen sogar 10000 Besucher in das nahe Reinhardsbrunn gekommen sein, um sich dort an über »800 Frauen und Jungfrauen«, an »hübschen Thüringer Liedern« und an »zierlichen Reigen« zu erfreuen.

Einige dieser Gruppen sind spätestens in der DDR spurlos verschwunden. Andere haben die Zeiten überstanden und so den Impuls mit Engagement in die neue Zeit herübergerettet.

Seit 2005 werden die rund 200 Laien auf dem nächtlichen Schlosshof von Profis des Theaters Gera-Altenburg unterstützt. Und dies mit zunehmendem Erfolg beim Publikum. Die Festspiele im Schlosshof von Altenburg lassen eine Episode aus der Vorgeschichte der wetti-

Äußersten schritt und am 7. Juli 1455 in Altenburg die beiden Söhne des Kurfürsten entführte.

Das Kidnapping bei Nacht und Nebel gelang, doch der Ritter wurde schon bald gefangen und ohne Gerichtsprozess hingerichtet. Die

Mittelalterfestspiele samt Ritterspektakeln erfreuen sich auch in Thüringen größter Beliebtheit, wie hier das Mittelalterstadtfest von Bad Langensalza.

Ländlich-fröhlich geht es beim Kartoffelfest in Heichelheim zu.

entführten Prinzen Ernst und Albrecht, bei dem Coup gerade mal 14 und zwölf Jahre, begründeten später die ernestinische und die albertinische Linie der Wettiner – aus denen letztlich Thüringen und Sachsen hervorgingen.

Anhaltender Beliebtheit erfreut sich auch das Naturtheater in Bauerbach bei Meiningen. Niemand wäre wohl auf die Idee gekommen, in dem abgelegenen Ort Theater zu spielen – wenn dort nicht einst Friedrich Schiller gelebt hätte. Im Dezember 1782, lange vor seiner Weimarer Zeit, fand er auf der Flucht vor dem württembergischen Herzog Carl Eugen in Bauerbach Asyl.

Beschützt von Baronin Henriette von Wolzogen, schrieb Schiller in der ländlichen Idylle das Drama *Luise Millerin,* in dem er die unglückliche Liebe zur Tochter seiner Gönnerin verarbeitete und das später als *Kabale und Liebe* bekannt wurde.

Wie eng sich Bauerbach bis in die heutige Zeit mit Schiller verbunden fühlt, zeigt jährlich die Theatersaison zwischen Juni und August. Alles begann 1959 mit einer Aufführung von *Wilhelm Tell* und hat seither neben weiteren Schiller-Inszenierungen auch Stücke wie *Der Name der Rose* erlebt oder die legendäre Komödie *Pension Schöller,* in der ein ländlicher Gutsbesitzer auf seinen eigenen Wunsch hin vermeintliche »Irre« sehen darf – die in Wirklichkeit exzentrische Pensionsgäste sind. Das Ganze hier umgewandelt in eine zeitversetzte Klamotte vor dem Hintergrund der deutsch-deutschen Teilung. Was wiederum im wahrsten Sinne des Wortes naheliegend ist: Von der Naturbühne bis zur einstigen deutsch-deutschen Grenze nach Bayern sind es nur wenige Kilometer.

Das Besondere aber ist in Bauerbach nicht das Theater als solches, sondern sein Ensemble. Denn bei den Aufführungen unter offenem Himmel in lauschiger Natur stehen regelmäßig Laien auf der Bühne. Chapeau für ein ganzes Dorf!

Feste für Auge und Ohr

Feste für Auge und Ohr sind die seit 1994 stattfindenden Domstufenfestspiele in der Landeshauptstadt.

Die Festspiele zu Füßen des Erfurter Doms, in dem der spätere Reformator Martin Luther 1507 zum Priester geweiht wurde, verbinden Musiktheater auf hohem künstlerischen Niveau mit der eindrucksvollen Silhouette der beiden Kirchen auf dem Domberg. Trotz gelegentlicher Stürme und Regenschauer sind die jeweils über 1800 Plätze auf den Rängen zumeist gut besucht.

Geboten wurden auf den 70 Stufen bisher unter anderem Carl Orffs *Carmina Burana* in zwei Fassungen, *Die Schöpfung* von Joseph

Haydn, das Erfolgsmusical *Jesus Christ Superstar* von Andrew Lloyd Webber und eine Version von Georg Friedrich Händels *Messias* als Tanztheater.

Rudolstadt wandte sich im Schatten seiner höfischen Geschichte in den vergangenen Jahren ganz anderen Ufern zu und wurde ein Mekka der Folk- und Weltmusik. Zehntausende bevölkern die Straßen und Plätze, wenn jedes Jahr Anfang Juli Bands und Musiker aus aller Welt zu einem dreitägigen Festival zusammenkommen.

Hinter dem Kürzel TFF verbirgt sich der etwas biedere Name »Tanz & FolkFest«, der seinerseits an die Anfänge des Unternehmens in der DDR erinnert. Aus dem »1. Fest des deutschen Volkstanzes« von 1955 mit damals noch gesamtdeutscher Beteiligung wurden nach dem Mauerbau die »Tanzfeste der DDR«. Nunmehr kamen auswärtige Teilnehmer zumeist aus den östlichen Nachbarländern – und brachten bisweilen mehr Temperament mit als alle einheimischen Ensembles zusammen.

Der Mut zum Weitermachen nach 1989 sollte zum Anfang einer Erfolgsgeschichte werden. Inzwischen bezeichnet sich das TFF mit Konzerten auf mehr als 20 Bühnen und über tausend Musikern aus Dutzenden Ländern als das größte Folk-Roots-Weltmusik-Festival. Jedes Jahr setzen andere Regionen, Tänze und Instrumente die Schwerpunkte.

Die Akteure kommen ebenso wie die Gäste aus allen Ecken der Welt. Die knapp 30 000 Einwohner müssen dann 70 000 und mehr Teilnehmer verkraften. Sie tun dies mittlerweile mit gewachsener Gelassenheit gegenüber großen Namen wie Hubert von Goisern, Country Joe McDonald und Arlo Guthrie oder bei Musikern und Solisten, die auch schon mal von den Osterinseln kamen.

Und auch über Isomatten-Typen, Jesuslatschenträger oder in die Jahre gekommene Hippie-Nachfolger regt sich kaum noch jemand auf.

»Woesinge Ahoi!«

Wenn am Rhein der Karneval mit bunten Rosenmontagszügen seinen Höhepunkten entgegenschunkelt, ist der große Umzug in Wasungen längst vorbei. Denn in der Thüringer Karnevalshochburg bevölkert das närrische Volk immer schon am Sonnabend vor Aschermittwoch die Straßen. Und das bereits seit Jahrhunderten. Schließlich ist die idyllische Kleinstadt im Werratal einer der ältesten deutschen Karnevalsorte. Schon 1524 soll es dort Fast-

Beim Karnevalsumzug in Wasungen ist der ganze Ort auf den Beinen.

nachtsspiele nach dem Vorbild der »Wittenbergisch Nachtigall« von Hans Sachs gegeben haben. Zumindest ist in den Archiven eine Stadtrechnung erhalten, wonach der damalige

Bürgermeister den Mitwirkenden einen Eimer Bier spendierte. Inzwischen hat die Wasunger Zählung bereits die 475. Saison überschritten.

Selbst in der DDR haben die Südthüringer Narren regelmäßig gefeiert. Die Büttenreden waren dabei so etwas wie ein Ventil für vorsichtige Kritik an diesem und jenem, was jeder wusste, aber sich sonst nicht öffentlich zu sagen traute. Traditionell dauern die närrischen Tage jeweils von Sonnabend bis Fastnachtsdienstag. Zum Auftakt versammeln sich etwa 2000 Karnevalisten unter ihrem Schlachtruf »Woesinge ahoi!« (Wasungen ahoi!) zum zweistündigen Umzug. Mit dabei sind etwa 80 Gruppen mit Festwagen sowie zehn Musikkapellen und Spielmannszüge. Die andere Hälfte der Wasunger Einwohner und die auswärtigen Besucher feiern am Straßenrand mit.

Eine Prinzessin gibt es jedoch nicht. Stattdessen führt ein Prinz mit zwei Pagen und seinem Gefolge das Zepter. Die Regentschaft beginnt unmittelbar vor dem ersten Umzug und endet jeweils am 11.11. Themen für die gleichermaßen farbenprächtigen wie fantasievollen Bilder holt sich der Wasunger Carneval Club aus den großen und kleinen Dingen des Alltags und der Politik. »Ümmer uff die Klänne« lautete zum Beispiel ein Motto – immer

auf die Kleinen. Gelegentlich klopfen sie sich auch mal selbst auf die Schulter: »Ob hüüt, ob morn, mie senn für'n Karneval geborn.«

Orden für die Besten

Seit jeher gilt in der Region: »Wasungen ist Karneval, und Karneval ist Wasungen.« Die Tanzgarde ist auf Wettbewerben und Meisterschaften im »karnevalistischen Tanzsport« immer ganz vorn mit dabei. Andere Vereinsmitglieder kümmern sich um das Thüringer Karnevalsmuseum im »Damenstift« aus dem 16. Jahrhundert. Die Ausstellung mit Kostümen, Orden, Fotos und Dokumenten ergänzt das sorgsam restaurierte Fachwerk-Kleinod auf seine Weise.

Zugleich zeigt das Museum, dass Thüringen »tolle Tage« keineswegs nur an der Werra feiert. Immerhin zählt der einschlägige Landesverband zwischen dem »Allerersten Geraer Verbildungsverein« und den Karnevalisten aus Ziegenrück an der Saaletalsperre über 320 Mitglieder. 1990 waren es noch keine fünfzig. Heute organisieren die Thüringer Narren in jedem Jahr etwa 190 Umzüge und über tausend Prunksitzungen. Besondere Leistungen dabei werden selbstverständlich belohnt. Für »Verdienste um das fastnachtliche Brauchtum« gibt es den Großen Verdienstorden mit dem Thüringer Löwen unter der Narrenkappe. Und für »verdienstvolle Arbeit in den tanzenden Formationen« ist irgendwann der »Damenorden« fällig. Sozusagen das goldene Thüringer Tanzmariechen.

Bratwurst, Bier und Blasmusik

Die Thüringer Speisekarte liebt es deftig und rustikal

Bratwurst, Bier und Blasmusik – dieser Dreiklang ist nicht nur zu Volks- und Familienfesten in Thüringen besonders ausgeprägt. Die Thüringer müssen wohl damit leben – und sie tun dies in der Überzeugung, dass daran nichts Ehrenrühriges ist. Im Gegenteil: Es ist durch lange Tradition ebenso geadelt wie durch Äußerungen großer Geister.

Goethes Musiker-Freund Carl Friedrich Zelter etwa schrieb im Herbst 1827 an den Geheimrat in Weimar: »Seit heute früh um sechs Uhr werden hier auf dem Platze vor meinem Fenster auf zehn Feuern Würste gebraten; sollte dieses Blatt danach duften, so weißt Du nun, woher es kommt. Es sollen hier auf den zwey Markttagen an die 10000 Würste gebraten werden …« Zelters Brief kam zwar aus Coburg, doch das gehörte damals bekanntlich noch zu Thüringen. Und andernorts ging es ähnlich zu. Ein Bericht von 1829 über das Vogelschießen in Rudolstadt, das seit 1722 bekannte große Volksfest, sprach ebenfalls von 10000 verzehrten Bratwürsten, zu denen »einige hundert Eimer Bier getrunken« wurden.

Auch aus den damaligen Diskussionen um die Kleinstaaterei ist die Thüringer Rostbratwurst aktenkundig. So lästerte der sachsen-meiningische Kammerherr Felix Freiherr von Stein recht bissig über den »vielgestalteten Volksstamm«, der »sich wohl fühlt in seiner Zersplitterung, be Bratwurst und Bier über sein kleinstaatliches Elend scherzt, aber dasselbe über alles liebt«.

Weimarer »Bratwurstkrieg«

Über hundert Jahre später, als Weimar sich im Glanze der »Kulturstadt Europas 1999« sonnte, kam es dort sogar zu einem »Bratwurstkrieg« – zumindest verbal.

Weil nämlich der zugereiste Chef des Gesamtkunstwerks, der unverwechselbare Kulturmanager Bernd Kauffmann, die duftenden Bratwürste frisch vom Rost kurzerhand aus dem Dunstkreis von Veranstaltungsorten

Bier und Bratwurst – die Thüringer Nationalkost? Sicherlich ist ein Klischee ein Klischee, aber manchmal ist ja auch was Wahres dran.

und teuren Künstlern verbannte. Beherzte Zeitgenossen reagierten umgehend mit der Bürgerinitiative »Rettet die Thüringer Rostbratwurst«, deren Mitglieder ihr Anliegen mit einer kleinen silbernen Bratwurstsemmel am

gemeinen und der Thüringer Bratwurst im Besonderen«.

Das reicht von einem Relief zur Ersterwähnung von 1404 in der Rechnung eines Arnstädter Nonnenklosters über das »Reinheitsgebot« von 1432 und einen Stammbaum des Schweines bis hin zu Maschinen und Geräten zum Schlachten. Selbstredend darf dort auch »die Bratwurst in Kunst und Kultur« nicht fehlen. Zu allem Überfluss erstellt das Museum monatlich den »Thüringer Bratwurstindex«, der sich aus Angaben zur landesweit produzierten Menge, der mittleren Tagestemperatur, den Treffern bei »Google« und den Mitgliederzahlen des Vereins zusammensetzt. Ein entsprechendes Diagramm zeigt die Ergebnisse im Vergleich mit der Kurve des DAX – natürlich mit unaufhaltsamer Tendenz nach oben.

Längst hat die Thüringer Rostbratwurst europäische Bedeutung erlangt: Seit 2004 ist die Produktbezeichnung eine »geschützte geografische Angabe«. Der besondere Schutz der Europäischen Union für das 600 Jahre alte »Kulturgut« soll die unbefugte Nachahmung der anerkannten Thüringer Spezialität verhindern. Ihre Geschmacksvarianten sind nahezu unergründlich. Mancherorts in Thüringen heißen sie Rostwurst oder einfach nur Roster. In jedem Fall aber schmecken sie am besten in einer aufgeschnittenen Semmel frisch vom Grill. Den gibt es auf jedem größeren Marktplatz und garantiert in mehrfacher Ausführung bei Volksfesten – und dies nicht nur in Thüringen. Unabhängig davon aber ist auf der Wurst bestenfalls Senf erlaubt. Ketchup dagegen geht gar nicht und wird von Einheimischen als Kulturschande empfunden.

Deftig ist Trumpf – das gilt auf den ersten Blick auch für die Thüringer Rotwurst. Doch der Kenner schätzt die zahlreichen regional unterschiedlichen Geschmacksnuancen.

Revers deutlich sichtbar demonstrierten. Sein Ende fand der absurde Streit, indem der damalige Oberbürgermeister die Bratwurst salomonisch zum Kulturgut ernannte und damit sozusagen hintenherum wieder in das Kulturstadtjahr-Geschehen integrierte. Wenigstens an ausgesuchten Orten.

Doch was Kultur ist, muss Kultur bleiben und ins Museum, befanden nun wieder andere »Freunde der Thüringer Bratwurst« und eröffneten 2006 in Holzhausen bei Arnstadt das »1. Deutsche Bratwurstmuseum«. Dort zeigen sie eine ständige Ausstellung »zu Geschichte, Tradition und kulturellem Stellenwert der Bratwurst im gesellschaftlichen Leben im All-

Bierland Thüringen

Zum vollendeten Genuss wird die Bratwurst für viele erst mit einem frischen Bier. Der Markt dafür hat sich seit der Wiedervereinigung deutlich gewandelt.

Buchstäblich über Nacht füllten sich nach der Währungsunion die Ladenregale auch mit den vielen »Fernsehbieren«, die der Biertrinker hierzulande zumeist nur aus westlichen Werbespots kannte oder bestenfalls für Westgeld im Intershop kaufen konnte. Nunmehr stellten Kneipen und Gaststätten ihre Zapfhähne um auf Fässer aus dem Westen und montierten am Eingang den Ausleger mit dem neuen Namen. Doch irgendwann ließ bei den Thüringern der Durst auf die auswärtigen Biere nach, zumal plötzlich wieder viele vertraute Marken aus der Region zurückkehrten. Die einheimischen Betriebe überwanden den Schock des Umsatzrückgangs durch Modernisierung ihrer Anlagen und fanden dabei bisweilen auch neue Partner.

So werben in Thüringen gegenwärtig wieder knapp 40 Brauereien um die Gunst der Biertrinker. Manche von ihnen beschränken sich beim Vertrieb auf mehr oder weniger kleine Regionen, in denen sie mit Erfolg an ihre Popularität aus früheren Zeiten anknüpfen können. Ihre Biere heißen Rhöner oder Dingslebener, Rosenbräu, Ehringsdorfer, Neunspringer, Anker, Gessner, Braugold oder Watzdorfer. Aber auch der bundesweite Marktführer in Sachen Schwarzbier kommt aus Thüringen: die Köstritzer Brauerei. In der Kurstadt bei Gera ist das gewerbliche Bierbrauen seit 1543 belegt, und selbst Goethe – natürlich! – soll sich dereinst an dem »Schwarzen mit der blonden Seele« delektiert haben.

Das Weißenseer Reinheitsgebot

Für Unruhe im gesamtdeutschen Brauereigewerbe sorgte 1998 ein Aktenfund auf der Runneburg im thüringischen Weißensee. Denn die dort entdeckten »Statuta taberna« von 1434 enthalten neben allerlei Regeln für anständiges Verhalten im Wirtshaus auch ein Reinheitsgebot. Danach soll der Brauer zum Bier »nichts anderes geben als Hopfen, Malz und Wasser«. Das »Weißenseer Reinheitsgebot« ist damit deutlich älter als das bayerische von 1516. Dennoch behielt Letzteres seinen Status als weiterhin gültiges Lebensmittelgesetz. Das Gebot aus Weißensee gilt dagegen als die erste städtische Regelung auf diesem Gebiet. Eine Kostprobe vom »Weißenseer Ratsbräu« gibt's im Rathaus der Stadt.

Einzigartige Brauereigeschichte ist bis heute in einem Familienunternehmen in Singen bei Ilmenau lebendig. Die »Brauerei Schmitt« stellt Bier noch immer her wie vor hundert Jahren, »mit Quellwasser und Dampfmaschine«. Familie Schmitt führt die kleinste Thüringer Brauerei ununterbrochen und über mehrere Generationen seit 1885. Das Unternehmen überstand die beiden Weltkriege und die Nachkriegszeiten. Der Minibetrieb entging in der DDR sogar dem Zugriff des Staates.

Die Technik der Brauerei, die seit 1976 unter Denkmalschutz steht, wurde zwischen 1885 und 1930 installiert und ist nach wie vor funktionsfähig. Jede Woche wird einmal gebraut, nach vier bis sechs Wochen ist das Bier fertig. Neben der eigenen Wirtschaft beliefern die Schmitts auch Gasthäuser in der Umgebung. Für den Flaschenverkauf werden die Etiketten wie einst von Hand aufgeklebt.

So verlassen in jedem Jahr rund 800 Hektoliter Bier die Brauerei, und dies nicht nur zur Freude der Gäste aus der Region und der Urlauber aus

Eine Rarität ist das von der Brauerei Schmitt in Singen bei Ilmenau mit alter Technik gebraute Bier.

Der Thüringer Wald ist ein ergiebiges Revier für Pilzsammler – auch das hat Auswirkungen auf die Speisekarte.

Ganz egal, zu welchem Braten – dem Thüringer schmecken seine Klöße immer.

sollte denn auch die im Meininger Umland gebräuchliche Bezeichnung »Hütes« hinreichend erklären. Deshalb wurden die entscheidenden Verse 1921 auch aufs Notgeld von Meiningen gedruckt. Andernorts heißt es einfach Klöße, in den mannigfachen Dialekten gibt es noch jede Menge Varianten von »Kließ« bis »Knölla«.

Ein Thüringer Restaurantkritiker will landauf, landab über 300 Arten der Zubereitung erkundet haben. Selbst wenn es nur die Hälfte wäre, wäre das des Guten genug. Eine der zahllosen Varianten hat die 1871 in Steinach geborene Hauswirtschaftslehrerin Hedwig Kost in ihrem Kochbuch festgehalten, nach dem sie einst in einer Sonneberger Töchterschule unzählige junge Frauen in die Thüringer Küche einweihte. Die Rezeptsammlung ist bis heute unverzichtbar für jeden, der anderes will als immer nur Fast Food, Italiener oder asiatische Exoten. Die Rezepte reichen von Suppen über Fleisch, Fisch und Geflügel bis zu Süßspeisen, Kuchen und zur »Krankenküche«.

aus der Ferne: Das traditionsreiche kleine Unternehmen ist Erwerbsgrundlage für die ganze Familie.

Nationalgericht Klöße

Was wäre die Thüringer Küche ohne Klöße! Sie sind für Einheimische mindestens ebenso identitätsstiftend wie die Bratwurst. Dabei wird zumeist vergessen, dass Kartoffeln als wichtigster Bestandteil dieses Nationalgerichts in Deutschland erst im 18. Jahrhundert zur Alltagskost wurden. Klöße waren auch schon vorher Beilage für den Festtagsbraten – und der Ausgangspunkt von Sagen und Mythen. Einer davon sieht die Begründerin dieser Tradition in Frau Holle, ganz wie es der Meininger Heimatdichter Rudolf Baumbach in seiner berühmten Thüringer-Kloß-Hymne von 1887 besang. Die schier endlose Dichtung führt von der Zubereitung bis zum Festmahl und gipfelt in der Übergabe des Rezepts an einen Ratsherrn: »Hier hast du das Receptum. Hütes!« Diese Aufforderung, das Geheimnis zu hüten,

Deftige Variationen

Ein Blick in die Kost'sche Sammlung bestätigt, was schon jede Thüringer Speisekarte offenbart: Hier dominiert eine deftige Kost. Die Varianten von Klößen mit allerlei Braten sowie Rostbrätl und Rostbratwürsten sind vielfältig wie das Land. Eine Besonderheit in Ostthüringen ist der Schmöllner Mutzbraten, ein über offenem Birkenholzfeuer gebratenes Stück Schweinekamm. Herzhaft ist auch die kalte Küche. Dabei sind die wechselnden Feinheiten im Geschmack von Leberwurst und Rotwurst oder Sülze und Schinken kaum zu überblicken. Unterschiedliche Bezeichnungen machen die Verwirrung komplett. So heißen die weithin bekannten kleinen Knackwürste im Eichsfeld »Feldgieker«.

Wer beim Thüringer Nationalgericht Klöße zu Braten von Kalb, Rind, Schwein oder Geflügel etwas auf sich hält, lässt die Tiefkühlware in der Truhe und greift stattdessen selbst zu Reibeisen, Presssack und dem unverzichtbaren großen Holzquirl.

Nach Hedwig Kost werden die geriebenen und ausgepressten Kartoffeln mit heißem Kartoffelbrei überbrüht, zu einem glatten Teig verrührt und »mit nassen Händen« geformt. Dann kommen die Klöße »in kochendes Wasser, in dem sie zehn Minuten ziehen, nicht kochen dürfen«. Die Anleitung ist, wie jedes Rezept, freilich nur die halbe Wahrheit. Wie fast immer in der Küche sind es erst die kleinen Tricks und Kniffe, die das Kartoffelgericht zur würdigen Beilage für Gebratenes und Gesottenes machen. Weil die Nuancen nahezu grenzenlos sind – mal etwas feiner oder lieber doch etwas gröber, weich oder fest, mit oder ohne »Bröcklein« aus gerösteten Semmeln –, lohnt sich auch in der Gastronomie ein Vergleich an verschiedenen Orten. Auch weil mehrere Gegenden die Ursprünge der Klöße für sich beanspruchen, schmecken Klöße überall etwas anders.

Kostbare Tropfen aus Thüringer Reben

Wachsender Beliebtheit erfreut sich in jüngster Zeit wieder Wein aus Thüringen. Von dem einst weitläufigen Weinbau entlang der Flusstäler im Mittelalter ist jedoch wenig geblieben. Nach dem Zweiten Weltkrieg wurde damit in den sechziger Jahren wieder begonnen. Die Rebfläche über der Ilm bei Bad Sulza von gerade mal 50 Hektar teilen sich mehrere Winzer mit unterschiedlich großen Flächen, auf denen Weißweine wie Müller-Thurgau, Gutedel, Kerner und Traminer gelesen werden, aber auch Rote wie Frühburgunder oder Regent. Die Thüringer Weinkönigin, die jedes Jahr in Bad Sulza gekürt wird, ist unter ihresgleichen inzwischen eine anerkannte Repräsentantin der Thüringer Weinregion.

Ihre Rebfläche gehört zum nördlichsten deutschen Weinbaugebiet Saale-Unstrut, das mit 650 Hektar überwiegend in Sachsen-Anhalt liegt und insgesamt zu drei Vierteln von Weißweinen bestimmt wird. Die Böden vorwiegend aus Muschelkalk lassen kräftige und fruchtige Weine reifen.

Nicht zu verachten schließlich ist auch die Kaffeezeit mit den typischen Thüringer Blechkuchen. In manchen Gegenden sind zu Familienoder anderen Festen bunte Kuchenplatten mit vielen nur daumengroßen Stücken üblich. Ihr unterschiedlicher Belag, das abwechslungsreiche Dekor und nicht zuletzt der feine Geschmack sind eine verlockende Herausforderung, der nach dem ersten Probieren kaum jemand zu widerstehen vermag. Nicht nur Thüringer verzichten dafür gern auf üppige Torten.

Thüringen ist auch ein Weinland: Von den Reben über dem Saaletal an den Dornburger Schlössern war schon Goethe fasziniert.

Museen und Gedenkstätten

Rhön

Gedenkstätte Point Alpha
Platz der Deutschen Einheit 1
36419 Geisa
Tel. 06651 / 919030
www.pointalpha.com

Die im Volksmund »Schillerkirche« genannte Kirche in Jena war 1790 Ort der Hochzeit von Friedrich Schiller mit Charlotte von Legefeld.

Museum am einstigen US-Beobachtungsstützpunkt an der deutsch-deutschen Grenze zwischen Thüringen und Hessen

Kyffhäuserkreis

Panorama Museum Bad Frankenhausen
Am Schlachtberg 9
06567 Bad Frankenhausen
Tel. 034671 / 6190
www.panorama-museum.de
Im Zentrum steht das Monumentalgemälde von Werner Tübke zum Bauernkrieg von 1525

Eisenach

Automobile Welt Eisenach
Friedrich-Naumann-Straße 10
99817 Eisenach
Tel. 03691 / 743232
www.ame.eisenachonline.de
Dokumentation der Automobiltradition von 1898 bis in die Gegenwart

Bachhaus Eisenach
Frauenplan 21
99817 Eisenach
Tel. 03691 / 79340
www.bachhaus.de
Das weltweit älteste Museum für Johann Sebastian Bach

Lutherhaus Eisenach
Lutherplatz 8
99817 Eisenach
Tel. 03691 / 29830
www.lutherhaus-eisenach.de
Neben der Ausstellung zu Martin Luther

informiert das Pfarrhausarchiv über Menschen aus Pfarrhäusern und ihre Impulse für Kultur und Gesellschaft

Wartburg Stiftung
Auf der Wartburg
99817 Eisenach
Tel. 03691 / 2500
www.wartburg-eisenach.de
Romanik, Renaissance und Historismus des 19. Jahrhunderts prägen das Gesicht der Wartburg und bestimmen ihre musealen Schätze aus acht Jahrhunderten

Schmalkalden / Meiningen

Hennebergisches Museum
98660 Kloster Veßra
Am Anger
Tel. 036873 / 69030
www.museumklostervessra.de
Mittelalterliche Klosteranlage des Klosters Veßra und Fachwerkhäuser aus dem Henneberger Land

Schloss Elisabethenburg Meiningen
Schlossplatz 1
98617 Meiningen
Tel. 03693 / 503641
www.meiningermuseen.de
Zu den Meininger Museen gehören neben Kunstsammlung und Musikmuseum ferner das Theatermuseum in der ehemaligen Reithalle und das Wohnhaus des Volksdichters Rudolf Baumbach

Schloss Wilhelmsburg Schmalkalden
Schlossberg 9
98574 Schmalkalden
Tel. 03683 / 403186
www.schmalkalden.de
Eines der bedeutendsten Denkmäler der Renaissancebaukunst in Deutschland mit Wandmalereien aus dem 13. Jahrhundert

Thüringer Wald

Deutsches Schiefermuseum Steinach
Dr.-Max-Volk-Straße 21
96523 Steinach
Tel. 036762 / 30619
www.steinach-thueringen.de
Alles über Griffelschiefer, den Griffelhandel und das soziale Umfeld

Deutsches Spielzeugmuseum
Beethovenstraße 10
96515 Sonneberg
Tel. 03675 / 4226340
www.spielzeugmuseum-sonneberg.de

Älteste deutsche Spezialsammlung zu Spielzeug mit über 50000 Beispielen von der Antike bis zur Gegenwart

Museum für Glaskunst Lauscha
Oberlandstraße 10
98724 Lauscha
Tel. 036702/20724
www.glasmuseum-lauscha.de
Thüringer Glas vom Mittelalter bis in die Gegenwart, Christbaumschmuck und eine historische Glasbläserwerkstatt

Gotha

Salzmann-GutsMuths-Gedenkstätte
Klostermühlenweg 2–8
99880 Waltershausen-Schnepfenthal
Tel. 03622/9130
www.salzmannschule.de
Das einstige Philanthropinum bewahrt eine Sammlung zur Schulgeschichte, über ihren Gründer und seinen Mitstreiter GutsMuths.

Schlossmuseum Gotha
Stiftung Schloss Friedenstein
Schlossmuseum
Tel. 03621/823451
99867 Gotha
www.stiftungfriedenstein.de
Weitgehend erhaltenes Baudenkmal des Frühbarock

Erfurt und Umgebung

Museum für Thüringer Volkskunde
Juri-Gagarin-Ring 140a
99084 Erfurt
Tel. 0361/6555607
www.volkskundemuseum-erfurt.de
Ländliche Alltagskultur in Thüringen vom 18. bis 19. Jahrhundert, dazu Ausstellungen zu Trachten, Dorfleben und Dorfkultur

Angermuseum Erfurt
Anger 18
99084 Erfurt
Tel. 0361/554560
www.angermuseum.de
Das Kunstmuseum beherbergt unter anderem Erich Heckels Wandbilder »Lebensstufen« von 1922/24

Schlossmuseum Arnstadt
Schlossplatz 1
99310 Arnstadt
Tel. 03628/660180
www.kulturbetrieb.arnstadt.de

Die Sammlung »Mon plaisir« führt in eine Puppenstadt des frühen 18. Jahrhunderts

1. Deutsches Bratwurstmuseum
Hinter dem Gute 2
99310 Holzhausen
Tel. 03628/604412
www.bratwurstmuseum.net
Ein unverwechselbares Kulturgut in Wort und Bild

Bachhaus Eisenach – in Hingabe versunken in einer der »Hörmuscheln« in der ständigen Ausstellung.

Thüringer Freilichtmuseum
Im Dorfe 63
99448 Hohenfelden
Tel. 036450/30285
www.thueringer-freilichtmueseum-hohenfelden.de
30 Museumsgebäude aus dem 17. bis 20. Jahrhundert von der Einklassenschule bis zur »Einkehr zur alten Pfarre«

Weimar/Jena/Apolda

Klassik Stiftung Weimar
Burgplatz 4
99423 Weimar
Tel. 03643/5450
www.swkk.de
Anlaufpunkt für fast alle Memorialstätten des klassischen Weimar

Bauhaus-Museum
Am Theaterplatz
99423 Weimar
Tel. 03643/545400
www.swkk.de
Ausstellung zur Frühzeit des 1919 in Weimar gegründeten Staatlichen Bauhauses

Deutsches Bienenmuseum
Ilmstraße 3
99425 Weimar
Tel. 03643/901032
www.dbm.lvti.de
1907 gegründet, das älteste Museum dieser Art in Deutschland

Gedenkstätte Buchenwald
99427 Weimar-Buchenwald
Tel. 03643/4300
www.buchenwald.de
Ständige Ausstellungen zum Konzentrationslager Buchenwald 1937 bis
1945, zum sowjetischen Speziallager
1945 bis 1950 sowie zur Geschichte
der Gedenkstätte

Glockenmuseum Apolda
Bahnhofstraße 41
99510 Apolda
Tel. 03644/650331
www.glockenmuseum-apolda.de
Darstellung der kulturgeschichtlichen
Entwicklung der Glocke, ihrer Bedeu-
tung als Kult-, Signal- und Musikin-
strument sowie in Kunst, Literatur,
Sprache und Musik

Keramik-Museum Bürgel
Am Kirchplatz 2
07616 Bürgel
Tel. 036692/37333
www.keramik-museum-buergel.de
Das einzige Spezialmuseum für Keramik in Thüringen dokumentiert die
über 450-jährige Töpfertradition des
Ortes

Optisches Museum
Carl-Zeiss-Platz 12
07743 Jena
Tel. 03641/443165
www.optischesmuseum.de
Optische Instrumente und Dokumen-
te zu Carl Zeiss, Ernst Abbe und Otto
Schott

Romantikerhaus Jena
Unterm Markt 12a
07743 Jena
Tel. 03641/443263
www.jena.de
Literaturmuseum zur Jenaer Frühro-
mantik im ehemaligen Wohnhaus des
Philosophen Johann Gottlieb Fichte

Stadtmuseum Jena Göhre
Markt 7
07743 Jena
Tel. 03641/498261
www.stadtmuseum.jena.de
Schwerpunkte sind neben Stadtge-
schichte die Schlacht bei Jena und
Auerstedt 1806 sowie die Urbur-
schenschaft und Studentika

Thüringer Kloßmuseum Heichelheim
Im Dorf 1
99439 Heichelheim
www.klossmuseum.de
E-Mail klossmuseum@t-online.de
Alles über das Grundnahrungsmittel
der Thüringer

Gera und Umgebung

Brehm-Gedenkstätte
Dorfstraße 22
07646 Renthendorf
Tel. 036426/22216
www.brehms-tierleben.de
Ausstellung über Leben und Werk
von Christian Ludwig und Alfred
Edmund Brehm

Heinrich-Schütz-Haus
Heinrich-Schütz-Straße 1
07586 Bad Köstritz
Tel. 036605/2405
www.heinrich-schuetz-haus.de
Dauerausstellung zu Leben, Werk,
Wirken und Zeit des Komponisten
Heinrich Schütz

Kunstsammlung Gera
Orangerieplatz 1
07548 Gera
Tel. 0365/8322147
www.kunstsammlung-gera.de
Schwerpunkt ist die Otto-Dix-Samm-
lung des aus der Stadt stammenden
Künstlers

Altenburg

**Schloss- und Spielkartenmuseum
Altenburg**
Schloss 2–4
04600 Altenburg
Tel. 03447/512712
www.residenzschloss-altenburg.de
Spielkarten aus 5 Jahrhunderten,
Schloßbaugeschichte und Wohnkultur
im 17./18. Jahrhundert, der sächsi-
sche Prinzenraub zu Altenburg 1455

Lindenau-Museum Altenburg
Gabelentzstraße 5
04600 Altenburg
Tel. 03447/89553
www.lindenau-museum.de
Kostbare Sammlung frühitalienischer
Tafelmalerei des 13. bis 15. Jahrhun-
derts

Saalfeld / Rudolstadt und Umgebung

Museum Schloss Burgk
Ortsstraße 16
07907 Burgk
Tel. 03663/400119
www.schloss-burgk.de
Historische Wohn- und Schauräume, ein
besonderes Kleinod ist die Schlosskapelle
mit Silbermann-Orgel

Thüringer Landesmuseum Heidecksburg
Schloßbezirk 1–3
07407 Rudolstadt
Tel. 03672/429022
www.heidecksburg.de
Neben der Residenz gehören zum Landes-
museum das Friedrich-Fröbel-Museum
Bad Blankenburg, der Kaisersaal von
Schloss Schwarzburg und der Zinsboden
in Kloster Paulinzella

Tourismus

Thüringer Tourismus GmbH
Willy-Brandt-Platz 1
99084 Erfurt
Tel. 0361/37420
www.thueringen-tourismus.de

Events – Veranstaltungen

Kunstfest Weimar GmbH
Am Palais 2
99423 Weimar
Tel. 03643/81140
www.kunstfest-weimar.de

Domstufenfestspiele Erfurt
Theater Erfurt
Theaterplatz 1
99084 Erfurt
Tel. 0361/2233155

Kulturarena Jena
Knebelstraße 10
07743 Jena
Tel. 03641/498000

TFF Tanz&FolkFest Rudolstadt
Markt 7
07407 Rudolstadt
Tel. 03672/486401

Geographisches Register

Personenregister

25 Prozent Steigung! – Die Oberweißbacher Bergbahn im Schiefergebirge gilt als steilste Bahn zum Transport normalspuriger Eisenbahnwagen.

Bildnachweis

Umschlag, vorne: Großes Bild: © Klassik Stiftung Weimar; kleine Bilder: © Thomas Härtrich (l. u. r.), © picture alliance (m.), Flagge: © Fotolia

Umschlag, hinten: © picture alliance (l.), pd (2)

© amb design: S. 139; Rainer Aschenbrenner/Pixelio.de: S. 88 unten; Marco Barnebeck/Pixelio.de: S. 24 unten, 25 unten, 88 oben, 89 unten, 122 unten; W. Behrends/Pixelio.de: S. 133; Thomas Bickelhaupt: S. 40, 41, 131 oben, 134, 135; Christian Böhme, Develos Design, Weimar: S. 94 unten; Sammlung Gedenkstätte Buchenwald: S. 77; Bildarchiv Bucher Verlag: S. 37, 42, 43, 54, 55, 76, 101, 111, 125; Matthias Bühner/Fotolia.com: S. 116; Bea Busse/Fotolia.com: S.80; Christian Verlag: S. 132; Kurt F. Domnik/Pixelio.de: oben S. 97; © dpa: S. 79, 84 unten, 119 oben; © dpa-Bildarchiv: S. 82, 118 oben; © dpa-Bildfunk: S. 83; © dpa-Report S. 20, 34, 35, 47, 57 unten, 81, 119 unten, 122 oben, 123 unten; Lutz Edelhoff: S. 59, 123 oben; Hans-Peter Fischer/Pixelio.de: S.98; FotoMike1976/Fotolia.com: S. 117; Falko Göthel/Pixelio.de: unten S. 97; Marion Granel/Pixelio.de: S. 38 unten; Ulrike Haberkorn/Fotolia.com: S. 38 oben; Thomas Härtrich, Leipzig: S. 15, 26, 30, 31, 33, 44, 45, 49, 50, 56 oben, 61 oben, 85, 103, 104 (2Abb.), 105 (2Abb.), 106 unten, 109, 112 (2 Abb.), 113, 114, 115, 124, 126 (2 Abb.), 127, 128 (2 Abb); Hosphotos/Fotolia.com: S. 9; Karin Jähne/Pixelio.de: unten S. 131; Karl-Heinz Laube/Pixelio.de: oben S. 24; Leiftryn/Fotolia.com: oben S.94; LianeM/Fotolia.com: S. 89 oben, 107 oben; Ralph Maats/Fotolia.com: S. 129 unten; makuba/Fotolia.com: S. 8, 39 unten; moonrun/Fotolia.com: S. 5; Phoenixpix/Fotolia.com: S. 27; © picture-alliance: S. 84 oben, 99 oben; picture-alliance/akg-images: S. 17, 18, 73, 75, 108 oben; picture-alliance/HB Verlag: oben S. 57; © picture-alliance/Judaica-Sammlung Richter: S. 36; picture-alliance/Sven Simon: S. 99 unten; picture alliance/ZB: S. 58; Dirk Schmidt/Pixelio.de: S.96 oben; inka schmidt/Fotolia.com: oben S. 129; © Thomas Schlegel/HELGA LADE: S. 86; Andrea Seemann/Fotolia.com: S. 21, 39 oben; SLUB Dresden/Deutsche Fotothek/Trinks: S. 78; © Toskanaworld: S.90; W @ W/Fotolia.com: S. 95; Weimar/Fotolia.com: S. 25 oben; Michael Wolf/Fotolia.com: S. 10/11; © ZB – Fotoreport: S. 32, 46, 56 unten, 118 unten, 121; © Carl Zeiss: S.92; Carl Zeiss Archiv, Jena: S. 93

Impressum

Produktmanagement: Dr. Birgit Kneip
Herausgeber: Bernhard Edlmann, Raubling
Redaktion: Bernhard Edlmann Verlagsdienstleistungen, Raubling
Grafische Gestaltung: Bernhard Edlmann Verlagsdienstleistungen, Raubling
Umschlaggestaltung: Studio Schübel Werbeagentur GmbH, München
Herstellung: Bettina Schippel
Litho: Repro Ludwig, Zell am See, Austria
Druck und Bindung: Korotan Ljubljana d.o.o., Slowenien

Bibliografische Information der Deutschen Nationalbibliothek

Die Deutsche Nationalbibliothek verzeichnet diese Publikation
in der Deutschen Nationalbibliografie;
detaillierte bibliografische Daten sind im Internet über
http://dnb.d-nb.de abrufbar

Unser komplettes Programm:

www.bucher-verlag.de